性感的公司

如何吸引并赢得客户、员工及股东的芳心

[西班牙] 赫苏斯·维加◎著　陈 吟◎译

ZHEJIANG UNIVERSITY PRESS
浙江大学出版社

谨以此书献给教会我宽容和爱的父母，

希望有一天我能成为配得上你们的人。

谨以此书献给我的兄弟、外甥和侄女们，

感谢你们以自己的方式存在于我的生命之中。

谨以此书献给在人生道路上与我同行，并给予我创作灵感的卡鲁门·梅隆，

感谢你给我照亮了人生的道路。

目　录

第二部分
性感公司的特征

第三部分

性感公司的另一面

序 言

事实上，我至今无法忘却我的前女友。关于“她”的那些美好的回忆，如同残留的花香将我包围，而那些令人心痛的回忆，如今已轻如云烟，无法再让我受伤，剩下的只有愉快的回忆和我从她身上学到的东西。

毋庸置疑，那时我们的关系是何等亲密。她的性格、做事风格以及所有的行为都强烈地吸引着我。在与她相遇的那一瞬间，我的心便被她夺走了。除了她，我无法集中精力思考其他的问题。我的脑海里充满的全是她。自己的世界被她一个人占据，这甚至让我有些气恼。

那之后已经过去了很多年了，仍没有人能取代她在我心中的地位，尽管我十分希望能有这样一个人。当初我们相遇时，本应只算是一种普通的关系，可她立刻抹去了我过去所有的记忆。除了她，我无法思考其他的任何问题。

当然，我们的感情也并非一帆风顺。但是和她在一起的一分一秒我都感到无比满足。为了她，我曾经彻夜未眠，也曾像小孩子一样，怀着抑制不住的思念度过漫漫长夜。和她离得远了会让我思念，而和她在一起，又会被一股无法控制的情感驱使。

她的愿望就是我的愿望，也许我再也不会有这样完全奉献自己的经历了。我根本不在乎是否得到了充分的回报，因为她让我感到充实。那是充满刺激、梦想和激情的时期。

在两人感情进展不顺的时期，也曾有人劝我分手，说在一起是不会有好结果的。但对于这样的意见我并没有理睬，我要尽最大的努力让自己感到满足。这就是我和她之间的关系。

在这里我希望大家不要误会，我所说的“女朋友”其实是指我工作的“公司”。公司和其员工的关系，在某种程度上与恋爱关系非常相似。一家充满魅力的公司，不仅能给员工提供丰富的人际关系，在那里遇到的人还能给你一个新的奋斗目标。那是什么样的公司？它应该是一家拥有这样的信念：无论是客户、员工、股东、还是供应商，他们都是“人”的公司。

只有这样的公司才能展现出人类的性感和诱惑，活用恋爱的技巧。下面就让我来向大家介绍一下这种性感的公司的特征，以及她所运用的技巧。我会举例说明她是如何俘获人心——有时甚至是一辈子——让对方不愿离去。我还会提出一些建议，可以使她俘虏顾客和员工，让投资家们无法将视线从她的行动中移开。

本书将以非常直白的方式进行叙述，不知这样是否合适。我希望大家能把本书看成是两个有情感、有思考能力的“人”的对话。

我认为掌握公司命运的最终还是“人”。

无论是客户、员工还是供应商，他们不过是因为方便区分其职能而被贴上了不同的标签，决定他们行为的仍然是“人”。并且，无论是谁都和你我一样有感知的心灵、会思考的头脑，并且拥有起伏的感情。

所以，我想以直白的方式来写这本书，我要跨越那些充斥着艰涩理论的文章带给我们的距离感。希望我的书能够打动您的心灵，而不仅仅是头脑。无论您的年龄、国籍以及在公司中的地位如何，为了缩短我们之间的距离，请允许我用平等的语言与您交谈。不知意下如何？是吗，太好了，非常感谢您的理解。

“无微不至”的公司

请先让我来说说我写这本书的想法是如何产生的。当时我被邀请去做一次关于领导能力的讲演，为了找到令参加者感兴趣的话题，我查找了当时各个公司著名 CEO 们的讲话。在查找时，我突然想到要把刊登在《财富》杂志上的“世界最受赞赏的十大公司”(World's Most Admired Companies)与“世界最有工作价值的十大公司"(The Best Companies To Work For)作一个比较。过去我一直认为，员工满意度高的公司，其社会形象和业绩也必将很好。也就是说，"员工的满意度＝业绩＋公司良好的社会形象"这一公式是成立的。

下面让我们来看看我的分析结果。同时入选以上两个排名的公司只有三家。同时被誉为世界上最受赞赏的公司和最有工作价值的三家公司分别是谷歌、星巴克和宝洁。

刚开始我感觉非常的不可思议，但是回想了一下自己的经历，也无奈地接受了这个结果。我的第一份工作是在惠普公司。当时(1987—1995 年)惠普公司的公司文化——"The HP way(惠普之道)"——就是关注公司与员工的关系、给予员工优厚待遇的代名词。这句话应该如何来理解呢？下面请让我举一个例子。为了维护员工的权益，在西班牙和葡萄牙的公司里通常都会设立一个劳资协议会。而我在惠普这家美国公司工作这么多年，却从未设立过类似的组织。当美国工会组织的人向我们的人事部门确认，惠普公司是否有反工会的行为时，我们的人力资源部门负责人是这样回答的："你们工会的目的是为了改善员工的工作环境，增加他们的收入。我们也一样。也就是说，我们是同伴也是竞争对手。"

The HP way 的原则简单地说，就是信赖和尊重每一个人，以丰硕的成果和贡献为目标，通过诚信经营、团队合作共同达成目标，推进公司的融通性和创新性。

更重要的是惠普给予员工非常优厚的待遇及福利，如给员工提供早餐、研修机会、培训计划，组织舞会和体育比赛……当然，这一切使惠普公司成为了每个人都想加入的公司，受到年轻的专家们关注的目标。

然而，再怎么光辉的业绩总有一天会成为过去。当公司进入停滞期后，我们不得不对公司的基础重新进行一次定义。The HP way 由此走到尽头，新的领导班子也不得不将其埋葬。

就在那个时候，我跳槽到了西班牙最大的银行桑坦德银行(Banco Santander Central Hispano)。在新公司，我感受到了过去在惠普从来没有感受过的积极性、饥饿感和强烈的欲望感。在桑坦德银行，经常被挂在嘴边的一句话就是："与账户无关的话题都是童话故事。"当然，在惠普公司的待遇也完全无法与这里相比。

因此我想，惠普公司和员工的关系，不知从什么时候开始变成了一种美好的婚姻生活。虽然这种关系挺不错，但那种舒适感却磨灭了员工的激情。由于缺乏野心，所以最后变成了单调的婚后生活。两个人沿着海边闲庭信步，在厨房里聊聊彼此担心的琐事，晚上睡觉时在床上亲吻互道晚安。在这样的生活状态下，两个人甚至都想不起要褪去对方的睡衣做点什么。就算想起，也顶多是一周一次，用以经营这安稳的爱。

我把 20 世纪 90 年代的惠普公司以及"最有工作价值的公司"中提及的公司称作"无微不至的公司"。这样的公司为了让自己的员工能安心工作，除了提供优厚的待遇之外，还给出许多优越的条件，让他们能够在工作和生活中找到平衡。

希望大家相信,而且我本人也认为,提供优越的劳动环境,消除那些不妥当的待遇是非常好的事。但是,如果员工和管理层在公司里待得太过于舒适的话,迟早有一天会面临剧烈的变革。如果在可以通过预防措施来避免病情恶化的时候,却任由其发展,那么最后就只能通过手术来治疗了。因为市场的变化是不以人的意志为转移的。

虽然这种"无微不至的公司"很好,但却不是最好的公司。因为这种"无微不至的公司"有磨灭人的才能、饥饿感和欲望的危险,让人陷入一种毫无激情的平淡的婚姻生活状态。相反,那些性感的公司却一直致力于让员工和客户保持在热恋的状态。

正因为如此,我更喜欢性感的公司,并且我将如同写情书一般来写这本书。

录用和管理有才能的人,在他们身上投入教育和研修的费用,给予他们优厚的待遇,这种行为本身并没有什么不好。但单纯依靠这些还不够。因为这些做法注重的只是一些附加条件,没有触及事物的本质。在公司这个世界里,真正必需并且重要的少数事项就是"官能"。我之所以认为"无微不至的公司"的做法还不够,是因为他们往往对于这最简单、最基本的要素置之不理。

因此,在这本书中我将要给大家提供一种新的模式。这种模式并非我个人想出来的,只不过经我的手使它更加系统化。

性感的时代孕育了性感的公司。为什么会诞生性感的公司?这些公司具有哪些特征?如何才能加入到这一行列之中?

请让我来为各位一一解答。

本书将着重从经验来进行阐述，因为我并不是一个企业经营顾问，书中大部分都是我的个人经历。由于这是一本经营类的书，所以我会告诉大家如何去赚钱，如何用最令人感到兴奋、也是最直接的要素——“官能”——去赚钱。

第一部分

什么是性感的公司

第一章　新时代的种子

“性感的公司”，事实上这个名字听起来既怪异，又矛盾。因为这个名字将人类特有的情感与感官(即性感)与公司这个和感情毫无关联的词联系到了一起。第一次听到这个词，或许大家都会感到很奇怪，但我相信大家既然拿起了这本书，一定会在看到这个名字后直觉性地感受到我想传递的信息。

从逻辑上讲，“性感”与“公司”是两个极端的词汇，但它们之间却又有着共通之处。没有什么比发现它们的共通之处更让人感到兴奋的事情了。

首先，让我们来回想一下刚过去的一天。想想自己是如何度过这逝去的 24 小时的，并回想一下自己的时间和精力都花在了什么地方，为了何事而努力思考，又为了何事而操心不已。我想大家也许会给出各种各样的答案，但大部分一定与自己的工作相关，比如职务、项目、压力以及与同事、上司、客户的人际关系等。担心、期待与喜悦混杂在一起，占据了我们大部分的时间和精力。

另外还有一点,就是我们的大脑大部分是受感官支配的,可以说其感受范围是无限大的,因此我们既能感知到刊登在报刊上的那些直观的、能够勾起我们欲望的性感图片,也能感知到那些抽象的美与性感。“公司”与“性感”这两个分别存在于显意识世界与潜意识世界里的完全不同的关注点,是牵引我们日常生活的最强劲的动力。但它们之间真的有共通之处吗?

让我们换个角度来看这个问题。全世界所有的公司的目标都是诱惑员工和客户,以达到销售自己产品和服务的目的。这样一解释,估计有些人就会惊呼道:“没错,我们公司就是这么做的!”

其实这没什么好奇怪的,下面我想问大家几个问题。员工和客户对你的公司着迷吗?他们是否对公司有感情?除了工资与合同以外,是否还有一些其他的感情上的牵挂?如果你的答案都是“是的”,那么恭喜你,这简直太棒了。如果你的答案是“不是”,那也没什么可担心的。因为你所在的公司和其他大部分公司一样,无法吸引大部分的员工和顾客,只能怀着疑惑和憧憬,羡慕地看着少数成功的例子,想着要如何在提高业绩的同时,掌握“贤者之石”,以牢牢抓住那些要求日益提高、开始变得“花心”的员工和客户。

说句实话,到目前为止,已经找到“贤者之石”的公司屈指可数,也许苹果公司、ZARA(飒拉)和星巴克就在其中。这些公司在迷恋自己的专业人员的帮助下,深刻地认识到潮流的走向与社会的剧烈变化,并快速地将这些变化征兆转化成商品推向市场。而这一过程又给那些公司的股东们带去了令人羡慕不已的利润，并且这些公司有着各自不同的过人之处。苹果公司讲求的是创新；ZARA 是能够及时发现客户的需求并提供相应的产品；星巴克经营的不是咖啡，而是一种感觉，一种如在自己家中的舒适感。

这些成功的公司通常都会被当做案例，被用来进行学术研究和理性分析。人们试图通过对这些公司的研究，找出哪些商品和服务是受欢迎的，这些公司当时采用了何种市场战略，它们都是什么类型的公司……可令人感到惊讶的是，从来没有人对如何得出以上结论的研究过程进行分析。比如，这些公司是如何培养专业人员的决断精神的？引领这些公司走向成功的公司文化是如何形成的？事实上，比起“做了什么”来说，研究和分析“如何做”更能让人了解一个成功公司区别于其他公司的关键所在。

苹果公司、ZARA 及星巴克正是如此。他们非常注重如何做，并在此问题上形成了各自不同的特点。再以英国的维珍集团①(Virgin Group)为例，它的业务范围从化妆品到航空公司，

---

① 维珍集团是英国多家使用维珍作为品牌名称的企业所组成的集团，由英国商人理查德·布兰森(Richard Branson)创办。集团业务范围包括旅游、航空、娱乐业等。理查德·布兰森对维珍品牌拥有控制权。每家维珍集团旗下的公司皆独立经营，部分由理查德·布兰森全资拥有，其他人则只有一部分股权。他亦有把品牌授权给购买他旗下公司部门的机构，如维珍电台(今苏格兰传媒的一部分)及维珍音乐(今 EMI(百代唱片)的一部分)，但也有一些属维珍全资附属公司。要理解维珍集团的结构，可以理解为风险基金投资者理查德·布兰森为旗下所有投资机构使用同一品牌名称。

向市场提供完全不同的产品和服务。对于维珍集团来说，卖什么东西并不重要，东西的种类也不重要，因为他们卖的并不是产品上的标签，而是感动。而维珍集团之所以能够做到这一点，正是因为它创造了依靠员工的感觉和感动来带领公司的环境。

只有当公司不断地审视自己，把人的要素放在优先考虑的位置，并且建立起贴近客户、员工、股东及供应商的人性化基础时，成功才会顺其自然地到来。没有什么比“性感”更人性化、更强有力了，对吧？

第一节　严肃的最后堡垒

无论怎么说，我们仍然感觉“性感”一词与“公司”格格不入，因为“性感”毕竟是属于隐私范畴的词汇，这种话题只能与爱人或极为亲密的朋友分享，而并不适合拿到职场上来认真讨论。在职场上顶多也只是谈一些普通的笑话或逸闻趣事。

在我个人的印象里，如今那种弥漫着夸张的严肃气氛的机构只有两种，一种是公司，另一种就是宗教团体。我之所以使用“夸张的”来形容这两种公司，是因为这两种机构归根结底都是由人组成的，却没能反映出应有的“人性”。

我之所以将公司和宗教团体称为严肃的“最后堡垒”，是因为过去与之类似的很多严肃的机构，如今已经变得不那么严肃了。政府就是其中一个典型的例子。在过去的日本政界，只有绷着刻板的表情，穿着泥浆色的西服，说着艰涩难懂的政治语言，才能算作一个合格的政治家。因为当时的政治家们和公司经营者及宗教人士一样，认为如果表现出人性的一面，就会暴露出自己的弱点。可如今我们看到政治家们的形象已发生了很大的改变。

他们毫不犹豫地展现出自己普通人的一面，甚至愿意将过去作为隐私部分的一面公之于众。比如个人的兴趣爱好，与家人欢聚一堂的样子，运动时的样子，以及幽默感。这些政治家之所以这样做，是因为展现人性化的一面，可以增加他们的亲和力，并拉近与民众之间的距离。如今的政治家们也必须学会诱惑他人，让对方对自己着迷并与自己心心相印。虽然我不是政治学的专家，但我认为20世纪一个成功的政治家留下的最成功的印象，不是他实施了何种政策，而是他展现出与国民相同的人性，或许约翰·菲茨杰拉德·肯尼迪与托尼·布莱尔就是最好的例子。

下面让我们回到公司的严肃性这个话题。我希望大家想想自己国家有哪些知名的公司、企业家和经营者，该公司是否有人曾表明过，他的工作是诱惑你，让你处于疯狂的热恋状态。最后我们会发现，像这样的人在社会的其他领域里比比皆是，可为什么在公司里就不多见呢？

或许有人认为商界是不需要玩笑的，他们主张野心、贪欲、计划性、领导力、事事精明、完美主义……除此之外，没有人性的容身之地。在商业公司的世界里，没有爱、魅力、宽容、幽默以及自由等的容身之处。

但是只要我们注意观察,我们就会发现,不知是有意识还是无意识,一定会有人希望通过公司的活动来满足他人的需要,帮助他人解决问题;也有人通过诚实劳动,为解决他人的问题而提供商品或服务。

难道公司存在的目的就只是为了金钱和利润吗?当然我们不能忘记公司的最终目的确实是为了获得利益。那么结婚的目的又是什么呢?难道是为了繁殖后代吗?如果你们对婚姻的最终目的抱有怀疑的话,为什么不能对公司的最终目的表示怀疑呢?当然,作为一个公司必须提高自己的利润,并且利润当然是越多越好。但与此同时,公司也是在这里工作的员工实现自我价值的手段,为社会创造财富与服务的场所,更是让客户获得快乐的契机。如果没有这些,那公司的存在还有什么意义呢?

所以我一直都感到非常困惑,为什么在公司这个世界里不能有人性的味道,而且还要尽量将这些人性隐藏起来。在公司里,我们通常提交的都是排除情感的数字、统计、报告书及简洁且没有人情味的行动计划。所谓的专业也就是说把弱点和感情隐藏起来。但是,隐藏在每个工号后面的个人情感真的无所谓吗?如果工作涉及客户的感觉时该怎么应对呢?

过去一直有这么一个定论,就是只要销售人员给人感觉好就行,而且只有员工不指望在这家公司再上一个台阶时,才会表现出个人情感。

我大学刚毕业的时候,曾经读过一本名为《IBM 方式》(*The*

IBM Way)的书。这本书是 IBM 的前营销副总裁巴克·罗杰斯(Buck Rodgers)于 1970 年写的,主要介绍了 IBM 公司的风格。其中最让我感到吃惊的是,罗杰斯的团队竟然禁止任何人开玩笑。因为他认为那些展现幽默气质的成员,给人很不专业、不值得信任的感觉。

可无论商业与感受性相距有多远,公司对于人性化的漠视程度有多高,都无法动摇一个事实,那就是只有那些能够打动人心的人才能获得社会性的成功。

这些人凭借个人的人性魅力,弹奏出带领自己公司走向成功的音乐。这些人擅长诱惑,不需要顿悟诱惑的方法,就可以在不知不觉中将我们俘虏。因此他们的存在值得我们尊敬。

第二节 感官的炼金术

维克多·雨果曾经说过,没有任何东西能够强过时机成熟的思想与想法。就拿牙刷来举例,牙刷早在 15 世纪就已经在中国出现,但是它的产业化一直等到 1938 年才得以实现。任何事物都必须结合天时、地利、人和才能得以发扬光大。而如今也正是因为各项条件都已具备,所以我认为“性感的公司”出现的时代已经来临。

在本书里,我所要描述的新的企业模式中充满了温情,并且以敏感的、自愿的、更为人性的要素为基础,在不同的时期以不同的形式呈现出形态各异的表象。这些表象如魔法一般集结在一起，产生了新的交流形式。没错，这种形态就存在于公司与职员、公司与客户、客户与专家之间的交流中。

也正是因为有了政治、社会和技术的发展和变化，才会出现像谷歌这样的公司。谷歌公司成立于1998年9月7日，其资本还原价值超过了福特、通用和迪斯尼三家公司的总和。这三家公司都是拥有百年历史的一流企业，它们拥有雄厚的资金，能够得到世界最高水平的顾问公司的建议。可是他们花费百年时间都没有达到的高度，竟然被几个二十出头的年轻人在几年的时间里轻松达到。并且谷歌还被《财富》杂志评选为美国最具有工作价值的公司。

也许有人会说，这样的变化在任何一个时代都能见到。任何一个时代都不能保证企业一定会取得成功，就像命运的沉浮一样，是起伏不定、反复无常的。有成长的企业必定就会有消亡的企业。但事实上，从来没有一个时代像今天这样，发生着如此根本性的剧烈变化。如今，许多企业的实力已变得前所未有的虚弱。因此，知道现状、理解现状、思考现状，更重要的是感受现状的必要性日益增加。

生物学上经常说，现在的所有物种都是由过去的物种进化而来的，这些物种在进化过程中无时无刻不在适应变化的环境。而如今公司新模式的抬头，也是因为过去的模式已经无法再适应今天的社会，也已经无法再像过去一样有效发挥作用了。

在过去的10年里，大量关于技能、战略、财务、市场和人力资源的经管类图书面市，这些书几乎全都是以“才能”这个具有魔力的词语作为关键词。与此同时，15 年来，公司职员的教育时间也比过去增长了 48%。

宛如信仰新的宗教三大戒律一样，越来越多的人相信招揽和管理有才能的人，教育、培训以及温和的人力资源管理是解决所有问题的灵丹妙药。而另一方面，又有一部分人认为，这种做法忽略了社会朝其他方向进化的倾向，无疑是一种掩耳盗铃的做法。

最近畅销的经管类图书大部分也不过是以上“三大戒律”的翻版。或许这种人才的争夺战应该结束了，从现在起，觥筹交错的宴会就要开始了。

第三节　三个臭皮匠赛过诸葛亮

我非常理解各位只要一看到“才能”二字就如临大敌的心情。近年来销售的经管类图书，没有一本书不提到这个词。这些书把才能描写得如稀有的自然资源，或者是沉睡海底的宝藏。但事实上，才能只不过是印证成功的理由，或是给失败找了一种借口罢了。

在我的书里，我并不想讨论“才能”这个问题，否则一定会让大家感到无聊。首先，我从来不认为才能是一种稀有的自然资源。我相信每个人都拥有自己的才能，个人素质是可以通过后天培养的，良好的体制和文化能将人的能力定向发挥到最佳水平。当然，或许与生俱来的才能更容易被引导从而发挥到最佳的水平吧。其次，公司最好雇佣有才能的人已经变成了理所当然的事，并且被过于强调。

很多实例告诉我们，那些拥有二十多年人力资源工作经验、有着杰出才能的人所写的著作或卓越的学术论文中提出的各种学说，有时并不能适用于现实的状况。然而在人力资源领域中，只要雇佣富有才华的专业人士则必将获得成功这种理论被广泛地宣扬。

然而，安然公司（ENRON）[①]在倒闭时，拥有许多来自全美知名商学院的MBA。有意思的是，那些经营模式被高度评价的企业（前面所述的被商学院作为研究对象的企业）里竟然没有一个MBA。另外，一些在企业中被称为有能力的专业人才或管理者，跳槽到其他企业后，往往遭遇失败，而有些人却在跳槽后大放异彩。

所谓的“才能哲学”只不过是精英世界的居民一手创造的极端理性的一种理论罢了。在他们的世界里住着太多的学术界人物或者顾问，也就是说这些人都是从理论的角度来考虑问题的。虽然我不赞成这种才能哲学，但并不表示我对这些为企业提出建议和技术评价的人的能力有所怀疑。毋庸置疑，他们所提出的一些建议和理论，对于社会的进步和发展有着非常重要的意

---

① 美国能源业巨头，成立于1985年，总部设在得克萨斯州的休斯敦，该公司曾是全美最大的电力和天然气及IT事业的销售和交易商，2001年因巨额假账丑闻破产。

义，但是给企业提出建议与实际行动的开展完全是两回事。下面让我来说一下几年前我的一次亲身经历。

为解决公司的内部问题，我曾经向 Inditex 集团[1]的总裁阿曼西奥·奥尔特加·高纳(Amancio Ortega Gaona)建议从公司外部聘请一些顾问，这样可以为我们找出解决方案提供支持。但奥尔特加总裁是这样回答我的：

"这样好吗？赫苏斯，你已经在我这里工作一年多了。你觉得你介绍的顾问比你更了解公司的事务吗？"

ZARA 公司的价值观中最为重要的一点就是"感受 ZARA"。所以对于奥尔特加的问题，我只能回答说"不"。之后，奥尔特加一直在向我确认是否把握了问题发生的所有原因，是否仔细研究过所有的问题解决方案。最后他又问："赫苏斯，还有一点我想问你，你认为那些顾问比你更加担心公司的安危吗？"

解决问题的意识和采取的行动与对问题的担心程度是成正比的，这也是 ZARA 文化的价值观之一。因此我的回答是："他们当然不会像我一样担心公司的安危。"

---

① Inditex 集团是西班牙排名第一的服装零售商，世界四大时装连锁机构之一，其他三个分别为美国的休闲时装巨头 GAP、瑞典的时装巨头 H&M、德国的平价服装连锁巨头 C&A 。Inditex 旗下拥有 ZARA、Pull and Bear、Massimo Dutti、Bershka、Stradivarius、Oysho、Zara Home、Uterque、Zara Kids 等服装品牌。ZARA 是其中最成功的，被认为是欧洲最具研究价值的品牌之一。——译者注。

谈话进行至此,我已经明白上司对于聘用外来专家持有何种态度了。也许是为了让我更加清楚他的想法,他继续说道:“我们做一个假设,如果那些你想请的顾问都比你聪明,那么他们当中最聪明的那个人就应该站在你现在的位置上,不是吗?”

这才是奥尔特加真正想说的话。解决错综复杂的问题,最重要的不是外部的支援,而应该是解决问题的决心、公司内部人员的才能以及一些必要的常识。这才是引领 Inditex 集团成功并成为纺织业界第一把交椅的关键。

“如果外部的顾问们都擅长于解决企业的问题,那么他们早就自己成立公司,并且取得成功了。但有趣的是,他们一直都在关注我们,将我们视为经营的典范,而我们却从未关注过他们。这一点我希望你能记住。”说完,奥尔特加就走了。

听了这些话,我暗自发誓要在不借助外力的条件下,依靠公司自己的力量解决所有的问题。幸运的是,最后我确实取得了成功。

从这一次经历中,我意识到,对于完美的理性提案要持有怀疑态度,因为这些提案与最后到底能否实现是两回事。这不是简单地否定顾问的作用,因为他们有时确实给我们带来利益。我想说的是,顾问提出方案和建议的领域,应该是他具有完备技术知识的领域,而雇佣方应该避免以采纳顾问建议为由,逃避作为公司管理层的责任,或者把它作为自保的一种借口。如果雇佣方放弃了自己的想法,就会认为外部的任何建议都是有用的。

自1997年麦肯锡[①]全球咨询热潮掀起以来，争夺人才成为了各企业人力资源部门间的典型战争。众所周知，他们的理论就是现代企业的竞争优越性与资本主义刚刚诞生时不同，细微的差别都会使自己的公司凌驾于其他公司之上，生产出更加新颖的产品，拥有更加高效的工艺流程，因此必须四处搜寻有才能的人。

他们认为，革新的才能、创新的才能、推动事物发展的才能……各种才能加上专业知识就能左右企业的成功。

因此，才能一直被认为是只有少数人才拥有的稀有资源，对于那些获得人才的幸运企业来说，人才的价值堪比黄金。也正因为他们是稀有资源，所以各个企业都在进行激烈的相互争夺，以求得到人才们的青睐，并将企业的现在与未来托付给他们。

而另一方面，公司里大部分“没有才能”的员工，先是吃惊地看着自己的公司狂热地追求那些精英以求其进入“乐园”，然后开始生气地观望。最糟糕的事态是，最终员工们变得毫不关心。“乐园”的建立，本应以公司内部的人才为基础，建立起坚固的地基。可是现在员工们感到，上司从一开始就没有对自己抱有任何期望，所以他们会认为自己也没有给公司作贡献，与公司的关

---

① 麦肯锡公司(Mckinsey & Company)是世界领先的全球管理咨询公司。自1926年创建以来，公司的使命就是帮助领先的企业、机构实现显著、持久的经营业绩改善，打造能够吸引、培养和激励杰出人才的优秀组织机构。——译者注

系也会日益淡薄。

人才竞争理论的前提是，这个世界上拥有才能的人为数不多。因此，供求关系理论开始产生作用，企业对稀有资源的争夺造成了人才价格的上涨。这些企业如同上百艘抱有同样目的的渔船，为了钓到珍贵的鱼竞相驶向大海。不过他们渴望的猎物大多十分贪婪。我想这些企业寻找“人才”会不会像《白鲸记》[①]里面所描述的那样，寻找白鲸成为了船长的一种强迫症。他赌上了他的整个人生，等到最后找到白鲸时，自己也丢了性命。

企业之间在寻找人才的过程中相互激烈竞争，但是就算他们聘请到了那些为数不多的人才，也不一定就是一件可喜可贺的事情。要聘请到那些拥有才能的人，就要为他们给公司带来的“恩惠”支付相应的报酬。不仅是报酬，或许还要考虑其他方法来留住他们，比如给一定的股票期权，让其参与投资，或者给予其培训的机会等。也就是说，他们认识到了自己的价值，并且会多次使用这张王牌。我们经常可以看到一些公司好不容易请来了一个有才能的人物，但这个人一直都在任性地抱怨薪酬不高，进而与公司诀别。这样的例子很多，不过大多发生在职业体育界。

---

①《白鲸记》是赫尔曼·梅尔维尔（Herman Melville）的长篇小说，讲述的是被白鲸咬掉一条腿的亚哈船长，在强烈的复仇心的驱使下找到那只白鲸，但最后自己也沉没的故事。

尽管人才可以给企业带来利润，保证企业的发展，但是雇佣这些人很困难，要留住他们也很困难（而且很贵），且会带来无法避免的问题，甚至可能会对公司造成伤害。因此，我对精英模式持有怀疑态度。让我再说明白一点儿，就是如果把企业的成功赌在个人的才能上的话，就意味着把赌注压在了少数人身上。有才能的少数人掌控着权力，决定着企业的方向，掌握着剩下大多数人的命运。这些少数派会成为精英集团，大多数人的理性必须屈服于他们。这就像阿道斯·赫胥黎的《美丽新世界》中所描述的那样，少数的统治者 α 阶层压榨 ε 阶层、决定 β 阶层。

这些有才能的少数派理所当然地认为自己就是社会的明星，并且意识到自己对于公司的重要性，不久以后，他们便会高高在上地为确保自己的个人利益竭尽全力。

在历史上，少数派的统治者一直都是这么做的。他们过去以血统来划分特权阶级，后来被经济特权阶级所取代，如今又被知识特权阶级所替代。但是我们似乎不能忘记，那些被革命拉下宝座的往往是那些高高在上的少数派。尽管最终胜利的都是多数派，但是国民在接受太平之世时，少数派一定会想尽办法让新的政体为自己服务。

最后还有一个容易被忽视的问题，就是人才争夺战带来的损害。也就是说才能从一个公司转移到另一个公司是有难度的。我见过许多这样的例子。在一个公司中如救世主一般的专业人才或管理者，跳槽到另外一个新公司后，竟然使新公司一败涂地，这到底是为什么呢？难道说才能也会因为环境变化而变质吗？难道它像移植到新环境中的植物一样，会失去原有的强劲与活力？

没错，越是参与人才的争夺战，就越会发觉这种争斗没有意义。那么，成功的关键到底是什么呢？

我想象了这样一个完全不同的舞台。我希望可以和读者分享这个根据我个人经验总结出来的、必然引领我们成功的经验。在这个舞台上，没有为争夺人才而处心积虑的谋略，没有战场的硝烟与沾满鲜血的战壕。相反，全体成员以一种自由和刺激的方式，与大家分享自己的知识和经验。没错，在这里没有人想让自己鹤立鸡群，而是全体成员尽情享乐的奢豪盛宴。这里是一个刺激的、充满了创造力的空间，注满了所有人的能量，没有任何人被排除在外。思考不是少数人的事，在为其他人考虑的同时，个人思想也受到众人思想的滋养。在这个舞台上，每个人都有受到肯定的机会，因此全体成员都有参与表演的欲望。我个人并不认为才能是类似于白金或钻石的稀有资源，只不过许多公司潜藏的巨大才能没有被发掘，这些才能因为没有被激发而失去了应有的光彩。但是请注意，这些才能是不会消失的。无论是谁，生来就具备一定的才能，我们所需要的只是能够将这些才能激发和活跃起来的环境。

谁说公司不可能成为奢豪的宴会？让我们来看看谷歌公司。然后我希望各位问问自己，你是甘愿作为一名看客，眼巴巴地旁观精英们的奢靡，还是自己也参与性感公司的盛宴中？

第四节　教育这颗禁果

教育是被商界崇拜的一个关键词。

在开始这个话题之前，我想先说说另外一件事。任何事情都不是偶然发生的，一定有其原因，没有仅凭运气和偶然而发生的现象。在说这话的时候，我脑海里就浮现出了性感公司的代表——苹果公司和ZARA。

有一天，我想了一下这两家公司的共通点。可前者是美国公司，而后者是西班牙的公司；苹果公司是IT业的，而ZARA是服装业的。那么，也许苹果公司的创始人史蒂夫·乔布斯(Steve Jobs)与ZARA的创始人奥尔特加之间有着什么共通之处吧？非常有意思的是，两个人都没有大学毕业，没有拿到学士学位，且两个人没有一个是出自学费高昂的商学院的MBA。

奥尔特加13岁的时候就在西班牙的一个裁缝铺做学徒。

虽然这两位企业家都身处最容易上大学的时代，可是两个人却都没有毕业。让我们重新追问其中理由。

我个人认为，大概是因为无论是中学还是大学，都没有教导我们如何去思考。首先，我们在学校学到的是最最基础的，即如何循规蹈矩地做事；然后是教给我们不怎么新的理论或者说过去最最基础的实践。

爱因斯坦曾经说过，比起知识，创造力更加重要，因为知识是有限的,而创造力是无限的。如果说这位伟大的物理学家的说法是正确的话,为什么在他提出这个理论以后,学校的教育模式却仍没有任何改变呢?我之所以这样说,是因为无论是学校还是商学院都没有教给我们创造的方法。

从这个意义上说,商学院应该负有重大的责任。因为他们宣扬的本应是领导能力,可教的内容却使学员成为了"追随者"。他们倾向于用不考虑技术问题的理论,用过去的模式来解决问题。商学院的方法真的能培养出未来的领导人才吗?这种教育方法只能制造出一堆机器人,并且犯着和过去同样的错误。因为当现实世界发生问题的时候,我们不可能拿一本使用说明书,照本宣科地就能把问题解决掉。现实是非常残酷的。也没有人可以看了几部情色影片后,就能成为最佳的情人。

在这个世界上,每个人都会被迫作出选择,不是成为追随者就是成为创造者。大学的研究生们学习过去,也就是说他们在追寻恐龙的足迹。学习安然公司的例子,就如同参观人类学博物馆一样。分析成功企业的时候,实际上就是在以已经完成的事物为对象,但却从不将今后可能完成的事作为研究对象。

我们完全没有必要让别人或其他公司的经验成为自己的,临摹过去的模式可以得到什么呢?只能让我们败给那些从惯有的常识性的模式中摆脱出来、创造出更优越模式的人。

乔治·奥威尔[①]曾说过："当我们合上书本的时候，人生就开始了。"我认为公司也一样，当我们放下那些精辟的理论、貌似很了不起的分析、各种颜色的分析图表等装饰性的东西时，现实就开始了。无论是什么样的事情和状况，这种现实中大多会掺杂人们（客户或员工）的欲望和情感，而这些欲望和情感又很难统计出来。大家认为"爱"是可以通过一些讲座中的图表或统计教给我们的吗？教育自己的孩子时，需要准备一个训练项目吗？

我们一方面花费许多金钱去接受教育，而另一方面却吝啬于在学习常识、干劲、自信、谦虚等能够给社会带来积极效果的态度上投资。另外，在文化价值的形成上，这样的态度真的合适吗？如果企业中的大部分人都能掌握这些，并且乐于与大家分享的话，就能成就一股无可匹敌的力量。

我并不反对教育，我也不可能反对教育。教育就是把关于过去取得成功的人物的知识传授给那些因为年轻和经验不足而没有掌握这些知识的人。因此，我相信教育是那些专家以及各个机构（包括国家）取得成功的关键因素。知识让人上进，博古通今，头脑会变得更灵活。

我只是反对人们把教育当做盲目信仰的对象，认为教育可

① 乔治·奥威尔（George Orwell，1903—1950），原名埃里克·阿瑟·布莱尔（Eric Arthur Blair），英国左翼作家、新闻记者和社会评论家。《动物庄园》和《一九八四》为他的传世之作。

以解决所有的问题,将课堂里教授的东西像圣旨一样捧在手心,这是一件非常危险的事。这不仅不利于企业和员工的成长,还劳民伤财。

下面,让我来谈谈什么是最有用的教育吧。我不得不承认,这是种非常令人惊讶的方法,我相信亲爱的读者也会同意我的说法的。

进入 ZARA 的时候,我刚满 38 岁。在此之前我大学毕业,取得 MBA 学位,参加过的进修班和讲习会超过数百个小时。可是当我接受猎头的介绍进入 Inditex 集团担任人力资源主管后,却首先被调到了下面的一个店铺!面对我掩饰不住的吃惊,对方仍然要求我作为一名店员在那里工作一段时间。当我要求高层对此事作出解释时,他们告诉我了解店铺的情况是公司每个员工必须遵守的最基本的行为准则,成为公司一员的每一位专业人员都必须拥有店面工作的经验。虽然我不认为自己是一个非常傲慢、自尊心非常强的人,但是在我将近 20 年的人力资源管理生涯中,从来都没有离开过这个专业岗位,因此我并不乐意接受这个调令。但因为谦虚是 ZARA 企业文化的信条之一,我只能不情不愿地同意了。

而且公司高层也没有告诉我要在店铺里实习多久。当我问及我的店铺实习什么时候可以结束时,对方给出的回答却是:“看个人的表现,到时候会通知你的。”什么叫看表现!当时听到这话,我非常生气,但是却尽量克制自己不要表现在脸上。我心中暗自忖道:“看表现?我可不是为了做店员才来到这里的,我来这里是为了显示作为人力资源主管的能力的!”

就这样,我来到了实习的店铺,在和这里的店长认识后,他指派一位年纪比我小一半的“老员工”作为我的培训负责人,给我介绍店铺基本的工作,比如折叠商品、从仓库拿货补充缺货、招呼顾客、回收衣架等。在这里重要的不只是完成工作,还必须把自己作为店铺的一部分来行动。在这里,学历、经验和年龄都是没有价值的,一切都必须从头开始。个人经验虽然也许在录用阶段起到了作用,但是在这里,作为一名店员,起不到一丁点儿作用。并且新的工作更多需要的是体力,这正是我不习惯的,因为在工作时间内,我必须一直站着。

几乎所有的 ZARA 店铺都非常拥挤,我所待的店也不例外。第一天营业结束时,我已经筋疲力尽了。而第二天又是星期六,我必须进一步提高工作效率。随着日子一天天地过去,我叠衣服的技术日渐熟练,也逐渐掌握了应对客户的技巧。我还观察出店内看不见的销售流程、店铺员工与总部工作人员之间的复杂关系,以及高度简练的促销和形象战略的技巧。店长也开始愿意搭理我,我弄清了许多过去不了解的问题。就这样,我慢慢得到了同事们的信任,也逐渐了解到他们的问题、困难和梦想。

我在店铺的实习仅两周就结束了,我甚至还感到了一丝遗憾。这次实习让我意识到,这才是最棒的研修课程。在这里,没有教室,没有理论,更没有复杂的知识结构,一切都以最基本的现实为基础。这是一次为我们理解商业基础而实行的教育。

在这次研修中,我开始了解顾客没有得到满足时的心情,没有得到注意时员工的想法,因为当时我就在顾客和员工的身旁。

因此,我其实并不反对教育,但是对于教育能够解决公司内的所有问题这种想法持否定态度。与其把时间和资源花在教育如何解决问题上,不如让我们直接去面对问题,在实践中找出解决问题的方法。利用教育来提升动力的方法也是如此。事实上,我一直认为有时候理论会将感情活埋,因此要让员工充满干劲可以采取其他的方法。

教育不应该关注过去,而应该面向未来。我希望大家回想一下刚才我举的例子。20 世纪 90 年代被商学院研究最多的企业就是安然公司。而如今,每个人都知道这个曾经傲视群雄的模范企业已经没落。

第二章　新时代

只有那些放眼未来,无悔于过去,采用当下最好的方法解决问题的企业才能获得成功。你认为这个很容易做到吧？也许是吧。那么到底有多少企业能够做到这一点呢？

很多年前,人类对于无法预测的新时代早就进行过许多猜想。或许我们现在的变化速度根本无法达到新时代的要求,或许这样的论断是错误的。但是我仍然愿意冒着犯错误的危险,向各位推荐性感的公司——这一新型的组织形式。因为越来越多的企业开始冒着同样的危险,打破过去的规则和禁忌,告别自己的过去行动起来。

就像每个人都有自己的个性一样,这个社会和时代也有着自己的特征。我想从三个角度来谈论这个问题。也就是说,从对作为客户和公司职员的我们影响最大的隐私侧面来谈这个问题。

第一节　自由的时代

一天，我年幼的侄子拿着当时还在流通的、印有独裁者——弗朗西斯科·佛朗哥[①]头像的硬币问我"这位叔叔是谁"时，我确确实实地感受到，真的改朝换代了。因为侄子嘴里说的这位"叔叔"，可是在西班牙实施了近40年独裁统治的权威人物。你不相信像西班牙这样的国家会遭受独裁统治吗？人们通常在最幸福的时候无法觉察出自己的幸福，但是回想一下过去，或者说想一下我们的前辈们无法享受的生活，是不是感受就变得深刻了呢？在这个世界上，还有一些人被那些在我们看来非常歇斯底里的疯狂规则"理所当然"地束缚着。

上面我所说的并不是过去的事，也不是来自几个国家的几个人的故事，更不是与某个特定的社会阶层或性别相关的故事。可以说，现代是历史上最为自由的时代。因为这个时代是社会的自由时代，是消费者的自由时代，也是劳动者的自由时代。

① 弗朗西斯科·佛朗哥，西班牙国家元首（1892—1975年），长枪党首领，法西斯军人独裁者。1947年，他出任摄政王（但西班牙国王之位却悬空）。1975年他逝世后，胡安·卡洛斯一世登上王位，实行民主改革，西班牙独裁统治结束。

社会的自由时代

你能想象和从未谋面的人结婚吗？你相信有一部分人只是在到达教堂的那一刻才第一次见到那个要和他(她)生儿育女，共同走完人生道路的人吗？这种事听起来就有点让人感觉毛骨悚然吧。虽然婚姻可以说是人生中最大的决断，但是在过去，两个不同阶层的人是无法结合在一起的。

而如今，几乎所有的国家都把自由恋爱，并且最后步入婚姻的殿堂看做是一种理所当然的事情。结婚的决定是根据身体和性格的魅力，或者利害关系而做出的。据统计，文明国家的离婚率接近50%。由此我们不难想象，大多数家长包办的婚姻都很难幸福，因为两个人的未来大部分都只能靠运气。

可以自由恋爱的我们能够获得浪漫的爱情，也有坠入爱河的权利。并且(如果获得对方的同意的话)，还可以和自己喜欢的人肌肤相亲，与她(他)共同迎接清晨的阳光。

在这样的社会里，我们有选择结婚与不结婚的自由(这是目前上亿人都还没有具备的特权)。除此之外，我们还可以自由地离婚、再婚或者与婚姻之外的异性保持关系。并且，我们还能自由地寻找性伴侣。

在这样一个自由的年代中生活的我们，还能够决定生孩子的数量。

虽然这些现在看起来似乎都是理所当然的事，但是我们常常会忘记这些权利是近年来才被慢慢赋予的。在这个世界上还有很多人没有被赋予这样的权利。

消费者的自由时代

让我们来回顾一下上一个时代吧。从整个人类的历史来看,上一个时代是离我们最近的了。

打个比方,在我小的时候,电视的频道只有两个,并且这两个频道都归属于国家机关,而且播放时间只有 8 小时。而现在除了普通的频道以外,还有专题频道。电视的信号有模拟信号和数字信号。我们甚至还可以通过网络和手机 24 小时收看世界各地的电视节目。

在过去的年代,电视机、电器产品、航线、电话以及其他的基本服务都是政府专卖的。

从国外进口的商品不能和国内的产品竞争,因此那时国内产品的价格高昂,而且质量很差。现在,随着全球化的发展,消费者可以在数以百万的商品中任意选择想要的商品。商品的竞争提高了产品的质量,也降低了产品的价格。

劳动者的自由时代

我的父亲在同一家公司一直工作了 50 多年。他和他的前辈们在一家企业工作一辈子是非常常见的事情。大企业不必争夺专业人才,事实上这就是一种“垄断”。而那些害怕大公司的影响的专业人才只要一想起跳槽这件事,就会眉头紧锁。

因为不存在自由的市场，所以薪水也相对稳定，薪水市场一直处在一种被制约的状态下。

在计划经济的社会里，工作都是由国家来分配的，要换工作也只能由国家来安排。可以说，这些国家的职业选择自由只在"理论上"存在。对于很多人来说，得到教育和金融投资机会的可能性非常小。

但在今天，我们可以随意地与一家公司签约，也可以自由地辞去工作。欧洲的劳动市场在飞速地扩大，其25个国家的国民在平等的法律下，拥有同样的工作机会。劳动者并且可以自由地选择是否要学习，以及学习的内容。

这些国家国民的自由不仅表现在法律的平等上，当提起调换工作时，人们再也不会锁起眉头了。也就是说，在劳动市场上企业与劳动者是平等的，招聘与找工作变成了双向选择。我们开始难以区分谁是买方，谁是卖方了。

第二节　多项选择的时代

前面我一直在说自由，但是如果只有自由，而没有充分的选项，也谈不上是完全的自由。就拿旅行来举个例子吧。旅行是自由的，但是如果没有多家航空公司的比较，就不知道哪一家能够给我们提供更好的服务，那就不能说这样的旅行是完全自由的吧？

社会的多项选项时代

如今,媒体和科技给我们提供一个更加开放的现代社会。但是,在这个社会里,如果没有知识就没法做出选择。我们发现,无论是信仰的宗教、居住的国家和城市,还是需要投票的政党,都给我们准备了多个选项。现在的问题不只是到底要不要行使我们的权利,还有就是到底有多少个选项可供选择。在过去的年代,人们当然也面临各种选择,但是绝对没有现在这么多。在人类的历史上,从来没有一个时代的普通老百姓会像今天的老百姓一样,面临如此多的选择以及替代方案。并且,他们也不可能像今天一样拥有自由选择的权利。在过去,要获得信息只能靠报纸、周刊以及月刊等,而如今通过网络和电话,立刻就能了解世界各地发生的事情。

消费者的多项选择时代

如今作为消费者,我们面前摆放着数以百万的、在世界各地制造的商品供我们选择,并且我们可以通过各种方式将它们买到手。随着垄断经营企业的急剧减少,全球化大生产拉近了世界各地的商品与我们的距离,而且商品在价格与品质方面的竞争也日益激烈。通过网络,我们可以马上了解各种商品的信息。我们作为消费者,已经无法忍受其他国家已经销售利用先进技术制成的产品,而自己国家还没有能力生产和开始销售这种产品。在这个自由的市场内,我们不愿意看到其他消费者比我们享有更多的选择。在这个年代，任何人都希望马上得到想要的东西。

员工的多项选择时代

在不久以前，人们被紧紧地束缚在他们的出生地。通常，农民的孩子一辈子只能当农民，而手艺人的孩子也永远只能做手艺人。如果多数农民离开自己的家园去往其他的土地或城市，甚至移居至其他国家，那么令他们迁移的唯一原因只有饥荒。并且在他们的出生地，个人未来的经济状况、宗教信仰、结婚对象、职业，甚至对人生的希望等都被限制得死死的。

靠土地吃饭(比如农业和畜牧业)就意味着人生只有极为有限的几条道路可供选择。随后的工业化大生产时期，由于分工不像今天这么细，所以改变生活方式或者提高个人生活质量的选项也不多。

像我前面所说的那样，一辈子只做一份工作的时代已经不复存在。在今天这个知识型的社会里，只要我们有一技之长，随时可以跳槽，并且还可以学习新的技能。如今，更换工作的障碍越来越少。如果将之归因于我们被赋予了更多的机会的话，不如说是因为来自我们内心的消极情绪越来越少了。

如今很多人都能说好几个国家的语言，并且到国外去工作也变得越来越容易。再加上我们可以通过网络、报纸以及社会关系等找到许多对找工作有用的信息，这也间接给了我们更多的选择。

第三节　机会均等的时代

除了自由(过去只有少数人能享受)与多项选择(同样是只有少数派才能享受)以外,“机会均等”也是一个重要的社会变化。如今,几乎所有的人都享受着均等的机会。

就如同法律面前各个集团都是平等的一样,我这里所说的“机会均等”并不光指政治上的,或者说法律上的平等。因为就算在法律上是平等的,而实际在社会和政治上仍然存在差别的话,那就谈不上真正的“机会均等”。

社会的机会均等时代

我知道前面所说的那些状况与理想中的完美社会仍然相去甚远,但是我希望大家能够理解,现在是人类历史上最好的时代。如今,无论你是女性,还是家境贫寒,无论你是同性恋,还是少数族群,都有可能进入社会、经济和政治的最高阶层。并且令人感到高兴的是,每天都有新例子来证明这一点。虽然不能说过去一直被差别对待的群体的权利已经完全恢复了,但是在过去那些极为个别的例子,在今天变得越来越平常。

看到世界上最好的高尔夫球手是黑人,最有名的 Rap(说唱)艺人是白人时,我们可以感觉到过去社会传统的职能正在转变。

成功进入政治、经济和社会高层的不只是女性。那些被称做少数派的人也逐渐得到社会的尊重,甚至对多数派也产生了一定的影响。

消费者的机会均等时代

作为消费者的我们之所以能够得到可以说是无尽的机会,主要归因于以下几点:

- 近30年来,国境不再成为阻碍贸易发展的壁垒,或者说我们把贸易重心转到了像欧洲这样的巨大市场之上。
- 由于媒体的国际化,我们能够及时地知晓世界各地新出的商品。当然,只要有品质优良的供给,就会有相应的需求。
- 网络给我们的社会生活注入了史上最强的活力,网上购物使我们随时可以购买世界上任何国家的产品。可在几年前,人们很难获得外界的信息,也很难将自己的产品卖到国外去。

每一位顾客都希望拥有所有的选项。我们时尚界的人明白一个道理,那就是从亚洲来这里购物的顾客是不会想要买巴黎、米兰和纽约过时的衣服的。因为他们与欧洲和美国的顾客在同一时间阅读同样的杂志,收看同一个电视节目。

任天堂公司在南美的秘鲁销售一款新游戏时,会特别注意销售时间不会与在东京的发售日相差很远,因为两个地区的青少年都是在同一时间得到相同的信息的。

不知大家是否还记得,过去好莱坞新上映的电影要隔好几个月才能在我国放映。虽说是过去,但也不是太久以前的事情。

如今的变化让人感到目眩,但是一旦适应了这种变化,作为消费者的我们便难以割舍,难道不是吗?

员工的机会均等时代

随着受教育机会的增加,几乎所有人都拥有了与良机相遇的可能。并且,随着科技的发展,去其他国家接受先进的教育也成为可能。

第四节 邂逅新时代

自由的时代、多项选择的时代和机会均等的时代改变了我们过去对世界的认识。虽然这些变化从客观上来说,对每个人都是好的,但是一部分保守人士对这些变化,尤其是对女性对社会的作用等表示质疑。还有很多人(甚至包括一部分政治家和社会领袖人物)跟不上变化的脚步,面对变化变得不知所措。

在如今这个时代,我们不可能永远只与一个人保持关系,也不可能在同一家公司工作一辈子。我们可以自由地变化住所,可以培养许许多多的兴趣爱好,可以接受各种各样的工作。没有什么可以阻碍我们的自由意志,我们拥有自由和许多选择。由此带来的结果就是,作为消费者的我们变得越来越花心。也由于信息渠道的畅通，我们也变得越来越聪明。

所谓的新时代是：

- 更加复杂的社会；
- 竞争更加激烈的社会；
- 更加强调享乐主义的社会；
- 一个因为旧权力崩塌而必须采取新的统治方式的社会。

也就是说，这个新社会的“诱惑力”超过了“粗野的蛮力”。过去那种“老子说了算”的强权时代已经不复存在了，“诱惑”的时代正在拉开帷幕。

如果说这些变化给我们带来了一个新的时代的话，那么，对存在于在这个时代中的企业又有什么影响呢？

第三章　虽然这不是性的话题

现在我要说的是一位一生下来就注定会成功的传奇人物的故事。主人公凭借自己的智慧、行动力、领导力以及个人的魅力,从小学开始就鹤立鸡群。他进入大学后,学习的是法律专业。野心勃勃的他无论是在学校的各个学部,还是在一般的企业,乃至在政界都能爬到一个不错的位置上。在大学时代,他除了满足周围所有人的期待之外,还学到了新的本事,那就是说服他人的能力。因此,他实现了自己所有的目标。他不仅成绩优异,被同年级的同学选为学生会委员,就连教授们也争相请他来做自己的副手。进入研究生院后,幸运的他与同系最优秀的女同学成为了恋人,毕业后两人迅速结婚。他的夫人不仅是一位贤内助,更是他事业上最可靠、最佳的盟友。

虽然这位英雄在研究生毕业时拥有无数的选择,但是他选择了一条最为辉煌但也最为艰辛的道路,并且在这份工作中投入所有的时间和精力。由于这份工作占据了他大部分的时间,因此他与家人聚少离多。在工作中他经历过许多的失败,但是他最喜欢说的一句话就是:“在我们的人生当中只要成功的次数比失败的次数多,那就不要害怕犯错误。”

这个人发挥自己的才能,承受着巨大的压力,终于,他度过了最艰难的时期。之后,他的大名传遍世界,支持他的人也急速地增加。他也意识到自己即将实现人生的最高目标,而一旦到达事业的顶峰,他就不再允许自己犯任何错误。

最后,他终于成功了,他的梦想也成为现实。周围的人都向他投去尊敬的目光,无上的权力散发着迷人的芳香以及成就感……就这样,以他为轴心的舞台拉开了帷幕。虽然当时也有人对他的能力表示怀疑,但是他仍然获得了周围大部分人的信赖和支持。

数年过去了,有一天,他竟然失去了所有的一切。所有的一切!多年的努力、长时间的辛苦工作、无法避免的无数次的出差、在宾馆中度过的无数个无聊的夜晚、自己培养的蜘蛛网般密密麻麻的人际关系网、多年来苦心经营所获得的信赖……所有的一切都白费了。他甚至还失去了家人的支持。他没想到所有的这一切竟然是因为那样的事!他从来没想到自己与工作中的女性,而且还是与这个组织中位于最底层的女性的几次越轨行为,竟然会引发如此轩然大波。

他的名字就是威廉·杰斐逊·比尔·克林顿。是的,他就是美利坚合众国第42任总统,也是把性与工作混为一谈的人之一。对于他的行为,有人认为不恰当,有人认为不道德,也有人对他表示同情,认为他的行为只是过于轻率了。在这里我并不想对伦理道德展开讨论，我把克林顿的事情作为一个众所周知的案例提出来，是想告诉大家，性的问题对工作环境会有多么大的影响。

希望大家不要误解，我这本书不是想给各位介绍在职场上的各种性丑闻，我只是想告诉大家，无论是谁——即便是在权力最顶端的人——也会把对性的欲望与工作混为一谈。在这里我也只是想提示大家，被理性所武装起来的、被称做政界和公司的严肃的世界能够与人类的人情联系起来。

尽管性与企业之间的相互影响很大，却很少有人谈论这一点。

前面我已经微微提到过，从下一章开始我会更加详细地说明什么是性感的公司。所谓性感的公司在公司运作方式上能够表现出各种人性，仿佛人一样具有感官。对于那些与公司关系最为密切的客户和职员来说，比起其他的公司，这样的公司能与他们形成更加复杂、更加感性、更加密切的关系。

那么，要清楚地划分性感的公司与公司中的性的分界线，首先让我们来看一下数据，以了解下在整个社会、经济领域，特别是在各个公司中性占有多大的重要性。

同时，大家也不能忘记，我前面所讲述的“享乐主义”与“官能”这两个要素在我们的社会生活中日益被认可。在这里，我想通过几个例子来证明，这两个要素对于正逐渐走到一起的两个不同世界(工作的世界和生活的世界)的影响。

如果可以的话，我们就从读者您的故事开始谈起吧。没有必要去特意找一些其他的例子，这是我们俩之间的私密谈话。你是否与同事谈过恋爱，或者被同事吸引过呢？你做面试官招聘人员时，应聘者的外貌有没有对你的决定产生过哪怕一丁点儿的影响呢？你认识的人中，是否有和同事结婚的人？你是否曾因为看到那些性感的广告，而冲动地买下某种商品呢？

对于这些问题，即便只有一个问题你的回答是“是的”，那我就放心了。因为性是人类生活中非常重要的一部分，我们在工作时(一天当中至少三分之一的时间)很难完全与这个重要的因素脱离关系。哦，应该公平一些，我的回答全部都是“是的”。

既然我们已经相互了解了彼此的答案，那么下面让我们一起来分析一下“工作通常与性相关”的假设，以及性对于经济的影响(姑且将其命名为“力比多经济学”)吧。简单一点说，就是工作与生活这两个世界是可以融合的。但是，在具体谈这个问题之前，我想先澄清一件事，那就是我并不打算对后面的一些信息做出任何关乎伦理道德以及宗教方面的评价。关于这个命题所做出的评价都是我个人的意见。因为一切与性相关的话题，都能引起民众的广泛议论。

第一节 性感的公司 vs 性产业

这本书所描述的性感的公司主要是指那些更加人性化的公司。这样的公司与那些纯粹以经济利益为目的从事性产业的人和公司不同。有一件事情我们不能忘记，性产业是因为社会上有对它的需求而存在的。

虽然我们很难计算全世界到底有多少人在从事性产业，但是有一种说法，其规模可以成为世界的第二产业。以西班牙为例，西班牙的商业杂志《资本》上说性产业每年可以给这个国家带动180亿欧元的资金流动，并且还说在西班牙至少有50万人在从事性产业。这也就是说，我们必须对这个与官能毫无联系的经济黑暗面，这个无国界差别的性市场加以考虑（联合国人口基金会2000年的报告书中称，全世界有大约400万人成为性榨取的牺牲者）。

那些没有从事性产业的公司也无法避免性产业的影响。据ALBA周刊的报道，西班牙的报纸仅靠和性产业相关的广告费收入就约500万欧元。

第二节　广告与色情

性是可以出售的。在谷歌的搜索栏中用西班牙语输入这个词后，可以检索到30万条以上的信息（如果输入的是英文的话，可以检索出100万条以上的信息）。而且这个词大部分被用于广告之中。当然，我指的并不是那些情趣用品或色情服务的广告，而是指那些利用人们对性的关心，让人们对特定的商品产生兴趣，从而达到增加销售量的目的的广告。性感的广告的特征可以说就是裸体。商家为了引起消费者的注意，把性的快乐与想要宣传的商品或服务联系在一起，将性植入广告中是最好的手段。

那些名牌商品在制作广告时,会制作挑逗性的广告、巧妙的广告、幽默的广告或是暧昧的广告。表现性感的方法多种多样。这种性感不仅通过画面来表现,还利用音乐和声音来诱导消费者。

可是为什么那些本来与商品毫不相关的色情,如此频繁地被用于商品的广告之中呢?而且为什么被运用得越来越广泛了呢?

对于这个问题,一位非常著名的广告人是这样回答的:“关于广告里植入性的问题,就如同你问‘你喜欢钱吗’一样。在公开的场合,大家都会回答‘不’,但实际上心里想要得不得了。”

盖洛普暨罗宾逊调查公司在对广告的有效性分析报告中这样写道:“情色作为与市场进行交流的技巧,其有效性远远超过了普通广告。”

这份分析报告的结论是监测了广告近50年后得出的。与那些因为播放频率急速减少,或者不再使用的广告表现不同,带有情色成分的广告不仅不会跟不上时代,而且市场对其的需求还在不断增加。

可以说带有情色的广告,其实际效果已经被无数的实例所证明,但是社会上存在对其的批判之声。由于这些广告仅仅只是为了引起消费者的注意,与企业所要宣传的商品没有直接的关系,而且使用的频率过高,因此女权主义者们对这种把女性作为性对象的做法提出了抗议。并且,这类广告也受到了宗教人士的责难。因为,宗教人士认为这些广告会让人蔑视伴侣之间的关系,在某种程度上助长了性交易,使得社会的道德观念日益败落。

也许有人认为那些性感的广告和情色的表现手法一般只运用于感觉方面的产业,比如香水、抑汗剂、成人杂志、女性内衣等。其实不然,下面让我举几个将这一手法运用到企业产品宣传的公司。服饰业,几乎所有服饰企业都在使用情色的表现手法,其中使用得最炉火纯青的是美国的阿贝克隆比 & 费奇(Abercrombie & Fitch,简称“A&F”),[①]IT 业的有苹果公司,汽车行业里以高层人士为目标群,以稳健著称的沃尔沃也在运用这种宣传手段。还记得非政府组织(NGO)邀请明星和模特拍摄裸照来进行反皮草交易的活动吗?在参加选举时,靠色情进入意大利国会议员候选人的不光只有情色女星 Ciccolina,还有“奥巴马女郎”,她的性感视频在 YouTube 上获得了 7000 万的点击率,成为 2007 年播放次数最多的视频之一。公民党的阿尔伯托·里维亚(Alerto Rivera)在竞选海报上也“坦然相见”,贴出了自己的裸体照。甚至在冰淇淋领域,我也可以举出类似的例子。

---

① 来自美国的休闲服饰品牌阿贝克隆比 & 费奇是一个在美国青少年心目中极富影响力的流行服饰品牌,旗下共有 Abercrombie & Fitch、Abercrombie kids、Hollister、Ruehl、Ezra Fitch 五个子品牌。阿贝克隆比 & 费奇的衣服有趣在于创意几乎每季都在改变。——译者注

也就是说，把宣传诉诸“性”这个任何人都感兴趣并且都知道的话题，是因为性对于任何人来说，都是最容易获得的快乐之一。关于其普及程度，就像我在前面一章里说过的那样，由于宗教对于性的抑制的减少和怀孕风险的降低，使其更为“普及”。

因此，“性”被各个公司当做市场最强的武器之一。因为人人都喜欢它，也很容易得到，对于度过健康、愉快的一生，有着很高的价值……

怎么样？说到这里，是否还有人对广告中利用情色来做文章的事感到不可思议呢？

第三节　不同却并不对立的世界

在现代社会，色情是随时随地存在的重要因素。对于一部分人，这是令人感到高兴的事，但对于另一部分人来说，却完全相反。在我看来，不可否认色情和其他所有的要素一样是客观存在的，我们应该尽可能有效地去利用它。也许有人会觉得很讽刺，虽然“可爱”和“色情”同样是人类的本性，但谁也不会去批判那些可爱的广告(比如说利用婴儿的形象做的广告)。

正如我们之前分析的那样，性感与企业之间有着密切的关系，并且使用同样的“燃料”来运行。它们的燃料就是欲望。做爱时，欲望通过身体的接触到达顶点，而公司的欲望则在一定的时候转变为平凡的结果。但是我希望大家仔细地思考一下，如果两者都没有了欲望的话，也就失去了意义，甚至会不复存在。

之前都在介绍普通的公司，下面让我们一起来看看什么是性感的公司。伍迪·艾伦（Woody Allen）说："这个世界上有两件事很重要，一件是性爱，另一件……还没有想好。"伍迪还没有想好的另外一件重要的事，说不定就是公司吧！

第四章　性感的公司

2000年年初，我接受了Inditex集团开出的条件，跳槽至该集团下的ZARA工作。那时，我正在西班牙最大，也是世界上规模最大的银行之一——桑坦德银行担任管理层。我在银行内的职业生涯可谓是一帆风顺，我一直做到了这家野心勃勃的西班牙巨型银行的高级管理职位，公司给我的待遇也非常的优厚。按理说，如果你在目前的公司里干得不错，又能够看到自己未来的发展方向，就最好不要被其他公司的甜言蜜语所诱惑。因为这样很容易扰乱你的注意，导致你作出错误的判断。对于这种看法，我是举双手赞成的。那为什么我明知故犯，又跑到ZARA公司去参加面试呢？

在桑坦德银行工作期间，我曾经去纽约分行工作过一段时间。我每天步行上班必经的街道（确切地说是莱克星顿大道）上就有一家ZARA的分店。每天透过这家店的橱窗，我都能看到店里挤满了希望买到西班牙流行服饰的人们，而这个橱窗也似乎每天都在得意洋洋地炫耀它的人气很旺。

虽然我的家人、同事以及许多女性朋友都曾经买过 ZARA 的衣服,可是由于我当时比较保守,所以没有买过一件它家的服装,也从来没有进过它的店。有一天,我心血来潮,突然想进去瞧一瞧。正如大家所熟知的,我发现 ZARA 的店铺兼具普拉达(Prada)的美和优雅以及波斯市场的活力。进店后没有店员紧随身后,问你“您想买什么”,因此每个人都可以毫无拘束地在里面闲逛。这时,我突然听到了一段西班牙语的对话,对话的内容大致如下。

一位女店员对旁边的同事说,前天有一位女顾客来买上周新出的“梦幻裙”,但是由于 ZARA 各个版型的服装产量有限(并非出于顾客不希望看到别人和自己穿同样的服装的考虑),所以她来的时候,那条裙子已经销售一空了。看到那位女顾客非常沮丧的样子,她也觉得非常遗憾,原来那最后一条裙子是被自己买走了。这位好心的女店员最后告诉这位顾客,她将尽力帮她再找一条裙子,请她第二天再来一趟。这天夜里,女店员回到家,从衣柜里取出那条裙子,第二天拿到店里办理了退货手续。几个小时后,那位女顾客如约而来,为自己终于买到了心仪的裙子而高兴不已。而我听后也为那位店员的牺牲精神感动不已。

虽然我不是 ZARA 的顾客,也从来没有买过一件 ZARA 的衣服,但在这个时候我已经发现这是一家特别的公司。虽然这家公司诞生在欧洲一个不怎么发达的城市——西班牙一个不怎么起眼的地区,但是它为什么能成为被世界称赞的公司呢?虽然其中有偶然的因素,但是我想这个原因从我去 ZARA 面试的那一天就已经很明白了。

一天，猎头公司的经纪人问我是否愿意去 Inditex 集团面试（当时 Inditex 集团还不像如今这么知名），我还没来得及仔细考虑，猎头经纪人就让我在无意之间回答了“好的”。第一次面试是在马德里，第二次面试是在拉科鲁尼亚[①]。这两次面试几乎聚集了公司里所有的高层。对我进行最后一次面试的人是这家公司的创始人兼董事长，那个充满传奇色彩的人物——阿曼西奥·奥尔特加。

奥尔特加先生（他喜欢别人这样称呼他）在卡斯德加诺（Jose Maria Castellano）——当时的总裁、公司的二把手——的办公室接见了我。当时我还不知道奥尔特加先生没有办公室。尽管他已经年近七十，但看起来仍然像许多年轻企业家一样充满着活力。

他天生就是一个善于听别人说话的人。言谈举止看起来是那么柔和，处处都体现出一种谦虚。我们的见面与其说是一次面试，不如说是一次谈话。我们的谈话，在任何人事的教科书中都无法找到，是愉快的并且有意义的一次谈话。事实上这次谈话，似乎不是我在推销自己，而是他在向我推销他的公司。最后奥尔特加问我：“你还有什么问题吗？”你们可以想象那个画面吗？这种场合本应该谈论公司的经营模式和公司的未来的。但

① 拉科鲁尼亚，是位于西班牙西北部濒临大西洋的一座港口城市，属于加利西亚自治区，是拉科鲁尼亚省的省会。——译者注

是，作为一名人事方面的专业人员，我认为我应该了解企业的管理者到底希望得到什么。于是我问道：“奥尔特加先生，如果我进入您的公司，您希望我为您做什么？”我一直认为他会回答说，制定企业的战略目标并实现它们，或者要把员工的效率提高多少个百分点，或者每天要在世界各地雇佣100人之类的事情（当然，这些事情后来确实也做了），但是奥尔特加的回答却大大出乎我的意料之外。

“我希望你爱每一个人，其他的事情自然就会迎刃而解。”——这竟然是纺织业中规模最大的公司的董事长的回答！就在那一瞬间，我就希望到ZARA工作了。“首先，我希望你爱每一位同事。为什么这么说呢？因为只有你爱他们，才会明白如何做才能使他们成为专家，也只有你爱他们，才会让他们明白怎样才能通过自己的劳动满足他人的需要。”公司的董事长竟然会对人事部长的候选人说这样的话，是我始料未及的。这个公司不是用编号来区分员工，而是真正把他们当做活生生的“人”来对待的。于是我下定决心一定要在这家公司工作。

就这样，我成为了ZARA的顾客（虽然当时我没有在ZARA的任何一家店里购买过一块钱的东西），成为了它的员工。ZARA在不知不觉中将我诱惑。在一个本应该按规章办事的状况下，却用了极其人性化的手段将我俘虏。董事长在说服我时，用了“爱”这个与公司的世界相距甚远的词汇。这事成为了我灵感的源泉。我希望这本书也能给各位读者带来同样的效果。

第一节 什么是性感的公司

让我们闭上眼睛想一想自己喜欢的人。这个人可以是你在现实生活中认识的朋友、电视或电影中的演员、偶像、你的恋人，或者是能让你胡思乱想的人。就在这一瞬间，你的脑中一定立刻就浮现出对方的脸庞、身材、声音、动作、笑容、说话的方式了吧？你之所以能够想起对方，是因为对方对你产生了某种诱惑，就算当初主动的不是对方。你会想和对方长时间待在一起，共同经历一些事情。这种想法刺激你的五官，让你情绪高涨。你一定不想忘记与她在一起时愉悦的感觉，希望这种感觉能够一直持续下去吧？

性感的公司也会让人产生出与此相同的感觉。选择对象、诱惑对方、坠入情网、然后一直保持高度的激情。它如同能够引出人类最好的一面的吸铁石一般，吸引着客户、员工和股东。当它抓住你时，你便无法逃脱，并且一直保持着那份紧张感。并且，它还拥有让双方相互关心的法术，如果不在一起，双方会相互挂念，在一起的时候会担心失去对方。

企业的目的就是追求盈利，提高股东的收益。达到这一目的的做法可谓千差万别。而在这个需要技术、资金和人才的现代社会，正是因为做法的不同使企业之间产生了差异。

在资本主义初期，劳动者的人权和其他基本权利根本就得不到尊重。虽然今天我们开始保护劳动者的权益了，但如今的资本主义仍然只是把顾客和员工看做产生经济利益的简单的存在,而不知道如何贴近他们。

让我换一种说法。我们现在正面临新的时代,也就是说,如今公司对员工的要求正在一点一点地变化。对于一个公司来说,重要的不再是体力(这是以农业为经济基础的时代所看重的),不再是技能(这是以制造业和工艺品制造为经济基础的时代所看重的),也不再是这几年支撑经济的知识。在新的社会构架下,无论公司承认与否,如今对于一家公司来说,最重要的是员工与客户的关系(无论是直接的关系还是间接的关系)。这是一个以情感和心理为基础的时代,也就是说,煽动情绪的能力对于一家公司来说是宝贵的资产。我们还必须注意到,在这样的社会里,个人主义的力量日益增强,并且已经到了无法无视它的存在的地步,因此我们再也不能把这样的客户只当做群体中的一份子来对待。如果企业还没有意识到这一点的话,恐怕很难在新的时代幸存下来。

目前,很多的企业都把公司的重点放在产品的价格、性能和物流上,却忽视了公司价值链上最重要的东西。可以说,商品的主导地位将“人”赶到了一边。即使领导层不断重申公司最注重的是客户与员工,但情况仍然没有转变。这是因为言语无论说多少遍,如果不采取行动的话,也只能是空谈。

当然,也有些企业确实做到了这一点。比如说星巴克、苹果公司、ZARA和谷歌公司。这些公司中最早的也是在1971年成立的,它们都是一些非常年轻的公司,并且这些公司在成立之初并没有获得大规模的融资或强大的媒体宣传。苹果公司是在个人电脑发展的最佳时期成立的,谷歌是在网络革命时代诞生的,但是ZARA和星巴克都是在市场已经成熟的情况下建立起来的。而与这些公司在同一时代成立起来的很多公司,大部分都已经不复存在。事实上,这几家公司在发展的过程中,也曾经面临过存亡的危机。

但是从创业时起,他们就十分重视看不见的东西。而正是那些看不见摸不着的东西,才让我们成为一个人,唤醒我们的情感并在我们心中产生共鸣。这也许就是他们能够提高业绩、革新技术,敏锐地抓住市场的原因吧。我现在要谈的就是那些能够感动他人的公司。它们能够抓住人们的心,因此具备诱惑的能力和依靠感情开拓市场的能力。公司的员工不仅能够诱惑自己的同事,同时也能够诱惑客户。当然,这不是和性有关的话题,但其中的构造与恋爱关系十分相似。

第二节　为何要诱惑

也许有人会认为“诱惑”是一个贬义词吧?也许这部分人觉得诱惑他人的人,玩弄他人,凭借其魅力来获取利益,把自己的优点发挥到极致,隐藏自己的缺点,也就是说不是一个“真实的人”。这种想法有其一定的道理。但是他们是否忘记了,与其他动物相比,人类的行为明显是受感情的驱使。还记得刚生下来的小孩是如何操纵周围的人的吗?他们依靠微笑让周围的人抚摸自己。无论多么认真严肃的人，看到他们可爱的样子，都会忍不住伸手去抚摸他们。眼泪是他们最强的武器，他们依靠眼泪来获取食物和想要的玩具。随着年龄的增长，我们诱惑的手段也变得越来越多。我们用煽动、谈判和魅力来吸引别人。那些不具备这一才能的人则用感情去动摇别人。这些行为与诱惑的性质相同，目的也相同。

到了青春期，我们开始用服装、发型、化妆以及夸张的打扮等性感的方式来诱惑他人，引起他人的注意。随着年龄的增长，我们又开始使用小时候想要得到玩具时掌握的要领，对异性或同性施展魅力。我们在失败之中磨炼我们的诱惑技巧。之后，这种在学校和朋友之间锻炼出来的，为达到目的而采用的手段在劳动市场也得以实践，其间有在行的，也有不怎么在行的。

结果，诱惑就成了我们每天无意识地进行的销售练习。无论我们为了多小的目的，都是在通过“诱惑”向我们的亲朋好友、顾客、上司、同事等推销我们最好的部分，同时尽可能地将我们的弱点和缺点隐藏起来。

那么我们可以说面试时，应聘者都是在假装老实吗？电视广告里的演员都是一派胡言？去见恋人的父母时，都是在伪装自己？为了让父母抚摸自己，露出笑颜的小孩在微笑的那一刻，不是发自内心的吗？

或许确实都是假的，但是我认为这些行为反而表现出了每个人极为人性化的一面。因为他们想通过表现自己最好的一面，达到自己的意图。连续不断的诱惑行为，是我们为了在这个社会生存下去所付出的代价。大部分能够轻易地付出这种代价的人，在社会上、公司中、恋爱关系中以及家族中都能获得成功。

那么在公司中会怎么样呢？请大家看看你的周围，请想一家有着好评的公司。或许这家公司是因为有着卓越的业绩而得到赞赏，或许是因为擅长形象战略，或许是因为富有创新精神，或许是因为有良好的发展前景。詹姆斯·C.柯林斯与杰里·波勒斯共同写的《基业长青》中，将近50年来成功的企业与其他公司进行了对比，最后得出一个结论，那些能够长期在业界生存下来的企业，都重视无法用眼睛看到的东西。

让我们来看看那些成功的例子。如果我们只读年报、分析战略，那绝对不可能找到成功的秘诀。我相信，只有那些看不见的东西才是使公司成为一个伟大组织的秘诀。成功的关键不是在什么时候做什么事，而是如何做。

“情商”这个词大家一定都曾经听说过，但令人感到意外的是，竟然很少有人知道这个词其实取自于哈佛大学客座教授——丹尼尔·戈尔曼(Daniel Goleman)所写的一本名为《情商》(*Emotional Intelligence*)的书。在开始动笔写这本书的时候，戈尔曼的目的是通过对美国大型企业的CEO的采访，给大家勾勒出一个完美的CEO形象。在研究之初，他曾认为这些CEO的共同点一定是有着较高的智商，并且从理论上讲，高智商应该是一个完美的CEO所必须具备的基本条件。

可是结果却令他感到异常的惊讶。这些世界知名企业高层的IQ(智商)值并没有高于平均水平,即使有人超过平均值,也并没有比平均值高出很多。与此相反,戈尔曼的研究结果表明,那些在青春期IQ值很高的人,最后大部分都没能在企业爬到很高的位置。因此就算有着很高的智商,也不一定能在工作上取得成功。于是戈尔曼不得不将研究转向了这些CEO的共通点,并以此为契机,创造出了"EQ"(情商)这个卖点。

公司也是同样的。那些获得成功并支撑到现在的公司,依靠的不是智慧而是情感。我个人认为公司是有灵魂的,虽然它被世人称做企业文化,但我仍然想把它叫做"公司的灵魂"。因为这样才能更好地将公司的做法和行为规范传递给这个组织中的每一个人,让这种精神渗透到公司的每一个角落。和人一样,企业的行动特性有可能帮助企业达成目的,也有可能阻碍事态的发展,因此就像人一样,那些积极的特性多于消极特性的公司更加容易取得成功。

说到这里,也许仍然有人会认为性感与诱惑的能力是人类特有的特质,而不是一个组织能够拥有的。大家知道可口可乐瓶子的造型是怎么来的吗?没错,仔细看来非常像一个女人的身体。据说是第一次世界大战期间,为了吸引那些背井离乡出征欧洲的美国士兵们而设计出来的。不仅如此,还有许多商品的造型设计得很性感,比如说香水瓶、菲亚特汽车的外形(菲亚特汽车的设计主任——弗兰克·斯蒂芬森曾说过,菲亚特的设计倾向于"性感")、西服、家具……

性感不单单只是被用在商品的设计上，就连地区也是，例如城市（难道会有人觉得巴塞罗那和悉尼不性感吗？）、国家（巴西）、岛屿（我们西班牙的 Ibisa 岛）、店铺、酒吧、无数充满魅力的酒店……同时甚至还出现过性感的时代（古希腊时代）、性感的艺术作品（雕塑和灯）。性感开始以时间、空间、素材及文化的形态出现在我们的面前。

那为什么公司必须掌握诱惑的能力呢？因为这有利于企业达成目标。不仅如此，公司就像人一样，是感性的，希望得到别人的喜爱，并奋发向上，立志于提供最好的东西。

第三节　官能的效果

企业向大多数消费者宣传自己公司的产品的一个最重要手段就是广告，这是个不争的事实。特别是那些提供大众商品的零售企业更是如此。要让更多的人了解自己的商品，企业就不得不投入大量的资金进行宣传。但是，也有不做广告的公司。

ZARA 只在每年的夏冬两季进行海报宣传，此外，就不再进行其他的电视广告、流行杂志等广告宣传。

我进入 ZARA 以后不久，公司召开了一次关于在奥地利开第一家分店的会议。这家分店和其他的店铺一样，设在维也纳的主要街道。但是因为当时在奥地利知道 ZARA 的人不多，因此我们意识到在最开始营业的几个月里，销售额一定会不尽如人意，我们必须提前做好一些计划和安排。我当时认为做广告宣传是在新的国家开辟市场的最佳战略，于是我问奥尔特加为什么不用广告宣传来扩大 ZARA 的知名度。奥尔特加是一个典型的加利西亚人①，他用提问来回答了我的问题。

“广告？做广告的话，最后得益的人是谁？”

“基本上应该说是企业得益。因为让更多的人知道了我们，从而带来更高的营业额。”我回答道。

“明白了。那么我再问你，你知道在这个行业要拿多少钱做广告吗？”他又提出了一个问题。

“大约是营业额的 3%～5%。”因为我已经了解过这个行业的相关数据，因此对于这个问题马上就回答出来了。

“那我再问你，我们能够做生意，卖衣服靠的是谁？是顾客还是广告？”

“是顾客，但是……”我还想继续说，结果被奥尔特加打断了。“如果我们是靠顾客来卖衣服的话，就应该给顾客想要的东西。通过广告获得利益的是公司而不是顾客。所以，我们应该把打广告的那份钱用来提高商品的质量，降低其价格。如果你是顾客的话，你会怎么想？你是希望我们把钱投向广告呢，还是希望获得物美价廉的商品？”

要说服别人就必须先说服自己。这时，奥尔特加把自己的这种观念灌输给每一位管理层，管理层又接着将其传达给手下

---

① 西班牙的少数民族之一，自称“加列戈斯人”，主要聚居在西班牙西北部的加利西亚地区。——译者注

的每一位员工。我想这就是一种以信息的性感为基础的诱惑行为。能够攻陷对方,却又能表现得宽容大度、注重形象、充满神秘感。结果,这个1975年在一个小小的城镇开出第一家店铺的Inditex集团,经过30多年的努力,在60多个国家里开了约3500家店铺,成为全世界最大的服装企业。这一成果的取得靠的是那些将顾客的利益放在第一位考虑的团队。

官能使得我们拥有更多的销售额、更多的献身精神,并且变得更加真诚。在服装界,没有哪家公司能够像ZARA一样,每年都出很多新款。以全世界最高的销售额傲视群雄的ZARA,每次宣传活动吸引的顾客也是最多的。

如果再举其他公司的例子(比如苹果、谷歌、星巴克、维珍集团)也会得出同样的结果。企业与顾客、与员工的感情能够以几何倍数增长的效果直接影响企业的业绩。和人类的其他活动一样,企业内一旦产生感情,就能产生比单纯的商务联系更加强有力的凝聚力。我们很讨厌别人像对待东西一样对待我们,也讨厌被视为单纯的顾客以及被编上员工编号的职员。就像我们在第二章中所谈到的,在如今这个开放的社会,更是如此。

下面请让我再介绍一个例子。这是一家在会议室里提出疑问,在所有人中寻找答案的公司。苹果公司几乎是和微软公司同时起步的,苹果公司的创始人——史蒂夫·乔布斯从创业之初就一直在致力于让IT贴近用户的生活。而与此相反,微软的创始人——比尔·盖茨却一直在从事拷贝苹果公司产品的功能,并将其大批量销售出去的工作。虽然大家都认可苹果电脑的品质好,但是购买的却都是捆绑了微软的 Windows 系统的电脑。很明显,比尔·盖茨的市场战略抑制住了苹果电脑,在两者的对抗中取得了胜利。

可以说微软垄断了整个电脑市场(因为 95%以上的电脑采用的都是 Windows 系统)。在这个时候,苹果公司是怎么扭转局势的呢?20 世纪 90 年代,苹果公司几乎销声匿迹。事实上,史蒂夫·乔布斯不得不放弃了公司。这状况简直就像大脑压倒了心灵。几年过去了,虽然微软仍然在市场上领跑,但已经无法垄断市场了。今天苹果公司凭借其性感的 Mac、iPhone 系列产品,以及成功推出的 iPod 毫无悬念地成为了科技市场革新的旗手。在 2005 年的新学期,史蒂夫·乔布斯对斯坦福大学的学生们这样说道:"我们必须找到自己所爱的东西。"并且还加了一句:"这对于找工作和找爱人都是一样的。"你是不是觉得他的话与比尔·盖茨可能说的话正好相反呢?

无论是苹果公司还是 ZARA,其创始人在谈到公司的话题时,都使用了"爱"这个词。你认为自己公司的老总会在你面前谈"爱"吗?这两家公司无论是在业绩还是在达成业绩的方法上都备受各界的好评。我说到这里,您对官能的效力还抱有怀疑吗?

性感能够将顾客与企业联系得更加紧密。强化品牌的形象,是提高收益的重要直接因素。性感的品牌只需要花费少量的广告费即可达到很好的宣传效果,让人印象深刻,这种印象能够增加人们对于商品的喜爱。性感的公司能够构建其与员工之间的忠诚和献身精神,创造出富于创新的生产环境,而这正是大多数管理层想要建立的企业姿态。

我感觉,现在是分析性感的公司的时候了。让我们来看看这样的公司是什么样的公司,是如何做的,它与其他的公司有什么区别。

第二部分

性感公司的特征

第五章　形象的价值

在这个世界上，有些人可以使他人为自己争风吃醋，可以使别人羡慕不已，成为性感的标志。男有乔治·克鲁尼(George Timothy Clooney)、女有安吉丽娜·朱莉(Angelina Jolie)，英俊的有布拉德·皮特(Brad Pitt)、粗犷的有亨弗莱·鲍嘉(Humphrey Bogart)。此外还有如神话中的女神一般、身材丰满的索菲亚·罗兰(Sophia Loren)，如同上等瓷器一般纤细的奥黛丽·赫本(Audrey Hepburn)，着装考究的加里·格兰特(Cay Grant)[①]，粗犷的梅尔·吉布森(Mel Colm-Cille

① 加里·格兰特(Cary Grant)，真名为阿奇博尔德·亚历山大·里奇(Archibald Alexander Leach)，是一位著名的电影演员，加里·格兰特为他的艺名。他生长于英国贫困家庭，14 岁失学加入马戏团巡回演出，16 岁起在美国纽约演舞台剧 5 年，成名于西岸好莱坞。他担纲演出数部"紧张大师"希区柯克执导的影片。——译者注

Gerard Gibson)，冷若冰霜的凯瑟琳·德纳芙[①]，能让人联想到和煦春风的斯嘉丽·约翰逊[②]等，他们都是性感人物的杰出代表。

这些人都是名人，拥有各自独特的个性，但是他们有一个共同点，他们的个性都能穿过屏幕射中我们的心脏，勾起我们的欲望。虽然他们大部分都是我们上一辈人崇拜的对象，但是如今的年轻人也难逃他们魅力的影响。他们是如何做到这一点的呢？除了他们都是演员之外，我们实在无法找出他们在个性和优点上的共同之处，或许只能说他们天生就具备这种诱惑他人的灵性吧？

下面该你了，请闭上双眼回想一下那些曾经与你坠入过爱河的人、让你感觉被对方诱惑的人。你们是不是和我一样，发现很难找出他们的共同之处呢？我们或许是被这个人的美貌诱惑，或许是被他的聪慧诱惑，或许是被对方的性格诱惑。我能够得出的唯一结论是，那些征服我们的人，通常都具备三个要素，

---

① 凯瑟琳·德纳芙(Catherine Deneuve)，法国影坛常青树，有“冰美人”之称，集美丽和高贵于一身。她生于巴黎演艺世家，13岁便跨入演艺圈，在明星姐姐的引荐下进军影坛。1963年主演《瑟堡的雨伞》后逐渐走红，1966年主演《白昼美人》成为国际知名明星。40年来她在法国影坛的地位岿然不动，并成为全球各地艺术院线追捧的影人。——译者注

② 斯嘉丽·约翰逊(Scarlett Johansson)，生于1984年11月22日，美国演员。2009年8月，被英国著名的时尚杂志《Glamour》评选为全球10大性感女星冠军。代表作品有《马语者》、《迷失东京》、《其实你不懂他的心》、《午夜巴塞罗那》等。——译者注

即形象、智慧与个性。

这些和性感的公司所需要具备的条件完全一样。你知道你的女朋友是怎么想的吗？去听听她的心声吧。

第一节 一家性感的公司的故事

“性感的公司”一词并非是我创造出来的。我的客户、同事……也就是那些和我相关的人，才是真正创造这个词汇的人。老实说，如果有人说我诱惑他，我不会不开心，反而会感到很自豪，因为这说明我具备诱惑他人的潜质。因为诱惑他人，意味着得到别人的欢心，因此他们会经常来找我，并且自愿选择我。也许有人会说这种做法很卑鄙，但我只是单纯地想让其他人对我保持热恋的状态。这种诱惑后结成的关系就如同热恋中的恋人、充满责任感的父母，以及相互信任的友人或同伴。有一天，我发现即便我是一家公司，我仍然能让周围的人爱上我。也是从那一天起，为了让公司也能应用诱惑的技巧，我不断努力让自己的形象、思考的方式以及行为举止都发生了很大的改变。

每个人都会专注于自己关心的事情，我也不例外。从那一天开始，我努力地去改变我的形象、待人接物的方式以及交流的方式。那时曾有人说我这种注重外表的做法偏离了正轨，作为公司的管理人员，应该关注的是公司的收益。但是我认为，这些表面功夫做好了，那些东西自然而然会到来。因此对我来说，重要的是行动以及如何行动。抓住对方的心，诱惑他，动摇他的感情，这才是我的目的。只要做到这一点，我们就不用费工夫去说服对方了（“说服”这个词感觉和将对方“放倒”相似，却和“诱惑”根本搭不上边儿）。

我诱惑的方法是诉诸五官，因此应该被称做官能上的诱惑。如果你想给对方的灵魂或情感传递某种信息的话，通过视觉、听觉、嗅觉、味觉和触觉这五感来传达是最好的捷径。请大家记住，官能与性欲是不同的。父亲抚摸婴儿的动作、凝视爱人的眼神、在球赛中用手去拍进球队友的后背的动作、脑中浮现美味的神情……这就是官能，是性感。

我接受了委托来教你们性感的技巧。在这里你们就像唐·璜[①]或者佩内洛普·克鲁兹[②]的高徒。因此，下面我将花几页来给各位举例说明性感在人际关系中的重要作用。为什么说是在“人际关系”中的作用呢？因为无论是人还是企业，都有着各自的个性。大多数情况下，企业与客户、企业与员工的关系就

---

① 唐·璜（Don Juan）是一名西班牙家喻户晓的传说人物，以英俊潇洒及风流著称，一生周旋在无数贵族妇女之间，在文学作品中多被用作“情圣”的代名词。——译者注

② 佩内洛普·克鲁兹（Penelope Cruz），拥有西班牙女郎特有的狂放不羁的野性美，光滑亮泽的长发，勾魂摄魄的眼神，性感丰满的红唇，浓郁的异域色彩。她一踏入影坛就光芒四射，只是因为她令人叹为观止的美丽。她有“西班牙郁金香”之称。2009 年 2 月 23 日，她凭借在《午夜巴塞罗那》中的出色演出，被评为第 81 届奥斯卡金像奖最佳女配角。——译者注

如同恋人的关系一样。

虽然我的知识有一部分是别人教给我的，但其余部分都是我自学而得来的。其实无论你学习什么，道理、过程都是一样的：观察，感受，练习，然后犯错误，最后逐渐熟练，现在是我与大家一起分享这个过程的时刻。但是，在此之前我要给各位一个忠告，这个技巧对于我来说是有效的，并且至今也没有失过手。但是，每个人的情况不同，你必须找到更加适合你的技巧。或许你对我的大部分理论都不能接受，这个没有关系，尽管我的技巧给我带来了许多好的结果。或许你因为某些理由，不愿意去实践我的理论，我也能够理解。这对于我来说未必不是件好事，因为我又少了一个竞争对手。

我还希望大家能记住，那些历史上伟大的诱惑者（当然，尽管他们的形象各不相同）都说过没有人能不被诱惑。因此，如果你想诱惑他人，只要拥有这个信念，再做一些必要的功课就可以达到。

第二节　形象的价值

美是理念的感性的显现。

——黑格尔

没有任何一种动物能够像人一样探究“美”，也没有任何一种动物能够像人一样创造美。这是人类来到这个世界上后一直背负的课题。人类生活环境的改善就是源自于对美的研究。看看阿尔塔米拉洞窟[①]的造型，你就能体会到（令人感到有趣的是，发现这个洞窟的人竟然是西班牙桑坦德银行现任行长——埃米利奥·博坦的祖母）。随着人类文明的发展，我们越来越注重创造美的环境。

无论从文明的程度（知识的深度）还是普及的范围来说，如今的我们都生活在一个高度文明的社会里。因此，需要更加重视自己的形象。人类不再单纯地只满足于产品与物品的功能了。不过，如今要创造像位于格拉纳达[②]的阿尔汉布拉宫[③]或者米洛斯的维纳斯那样的作品非常困难。在那个时代，这些稀有的艺术作品只是用于取悦那些少数的特权阶级而制作的。且除

---

① 阿尔塔米拉洞窟（Altamira Cave），西班牙的史前艺术遗迹，以洞内壁画举世闻名。它位于西班牙北部古城桑坦德以南 35 公里处。1869 年由考古学家马塞利诺·德桑图奥拉和他的次女玛丽亚发现。洞内壁画线条清晰，多以写实、粗犷和重彩的手法刻画原始人熟悉的动物形象，组成一幅幅富有表现力和有浮雕感的独立画面，神态逼真，栩栩如生，达到了史前艺术高峰，具有很高的历史和艺术价值。——译者注

② 格拉纳达是西班牙安达卢西亚自治区内格拉纳达省的省会，位于内华达山山麓，达若河和赫尼尔河汇合处。格拉纳达的市徽中有一只石榴，在西班牙语中，石榴就叫“格拉纳达”。——译者注

③ 阿尔汉布拉宫即“红色城堡”、“红宫”，是一个位于西班牙南部格拉纳达摩尔王朝时期修建的古代宫殿。阿尔汉罕布拉宫位于格拉纳达城外西南方的山冈上。宫殿为原格拉纳达摩尔人国王所建，现在则是文化博物馆。该宫城是伊斯兰教世俗建筑与造园技艺完美结合的建筑名作，是阿拉伯式宫殿庭院建筑的优秀代表，1984 年被选入联合国教科文组织世界文化遗产名录。——译者注

了宗教机构和皇宫以外，要制作艺术品其实也非常困难。而如今，因为有了科技和传媒的发展，我们在任何地方都可以欣赏不同的建筑物、艺术作品、产品和设计。对于人类来说，只要欲望被满足了一次，得到了一次美的享受，就会希望永远都保持这种状态，这些使它在社会中的重要性日益增强。

现代社会是一个供大于求的社会，只要有可能，只要能量产，企业就会尽一切可能生产最便宜的产品，并最大限度地销售出去。无论是旅行还是流行趋势，艺术还是文化，几乎所有人都能轻易地得到并享受。科技也在世界各地普及开来(恐怕，看到大部分东非的芒萨族人拿着手机打电话的情景，许多人都会感到很吃惊吧?)。

在商业竞争中，如果价格、品质和技术都很难分出高下，外表，也就是说企业的形象就会成为决定性的因素。当然，就像人的外表并不是最重要的因素一样，树立企业形象对于一个企业来说也不是最重要的课题。不过，可以说外表已经成为了一种名片，它起到了一种介绍信的作用，表明这家公司想与顾客以及员工建立怎样的关系。树立企业形象就像人们打造自己的外表一样，是想让别人喜欢自己。重视细节，希望能为对方尽力。赫莲娜·鲁宾斯坦说过，这个世界上没有丑女人，只有懒女人。当然，这话也可以用于男性，同样也适用于企业。没有形象不好的企业，只有懒惰的企业。

我们知道有很多公司在技术、后勤和人事中投入了大量的资金，但对于如何在客户和职员面前展现形象却毫不在乎。且不说商品的设计和办公室的布置，有的企业就连员工应以何种姿态面对顾客也毫不在意。大家有没有想到几家那样的公司？这些企业对于自己的第一印象太过于马虎了，这是不是很奇怪？一般来说，如果我们要和别人交往的话，一般都会找看上去感觉好的人吧？那为什么还有这么多企业要固执地无视公司的形象呢？另外，如果没有给他人留下特别的印象或者不能让他人感觉到自己的个性，就会与那些印象差的企业一样得到同样的下场。为什么这样说呢？因为人们难以与不知道如何表达感情的公司建立感情。

企业的形象能传递个性与身份等信息，它有助于企业在产品、服务、劳动等市场竞争中与其他企业区别开来。虽然在市场中要傲视群雄非常困难，并且需要很多费用，但是如果有一个好的形象的话，也就是说让人感觉公司很杰出的话，在众多竞争者中，企业就很容易脱颖而出。

企业对外的形象由以下四个因素构成：环境(设施)，销售网点，产品或设计，员工。

总公司的形象

当一个人看着大量的岩石，脑中浮现出大教堂的模样时，那么在他眼前出现的就不仅仅是一堆岩石。

——安东尼·德·圣—埃克苏佩里[①]

我们还不知道最能象征21世纪的城市到底是哪一个，但是最能够体现20世纪的城市恐怕非纽约莫属，同时它也是超级大国美国征服20世纪的标志。从这个意义上来说，高楼林立的纽约就是美国最好的代言人，它的地位就如19世纪英国的伦敦一样。

自从有人类以来，建筑就是一种表现手段。无论是保守派还是前卫派，都希望通过建筑来表达自己的身份地位、意识形态以及美感。让我们来看看建筑给市民带来了什么？1992年第25届奥运会在巴塞罗那召开。如果有人知道在此之前的巴塞罗那的话，一定会对它的变化感到吃惊。让我感觉变化最显著的既不是巴塞罗那的建筑也不是城市的规划（当然，这两方面都向好的方向变化了），而是在一系列的变化之后，巴塞罗那的精神恢复了，这个城市的自信大大超过了召开奥运会之前。这就如同毕尔巴鄂古根海姆美术馆[②]建成后给毕尔巴鄂带来的变化

---

① 安东尼·德·圣-埃克苏佩里（Antoine de Saint-Exupéry），这位法国作家的职业是飞行员，一生喜欢冒险和自由，是利用飞机将邮件传递到高山和沙漠的先锋。他发表了《南方邮件》、《夜航》、《人类的大地》、《空军飞行员》、《小王子》等作品。1944年他在一次飞行任务中失踪，成为法国文学史上最神秘的一则传奇。——译者注

② 毕尔巴鄂古根海姆美术馆（Museo Guggenheim Bilbao）是一个专门展出现当代艺术作品的美术馆，位于西班牙的毕尔巴鄂。它在1997年由古根海姆基金会创建，是全世界数家古根海姆美术馆之一。它的主建筑由法兰克·盖瑞（Frank Gehry）设计，是建筑解构主义的代表作。——译者注

一样。

在各家银行扩张时期它们都用粗壮的柱子,建造出一个庞大的建筑物(虽然从理论上讲这种做法一点儿也不经济实惠)。那为什么它们仍然这么做呢?道理很简单。把钱借给银行的都是有钱的人,并且他们只会把自己的财产存放在经济实力比自己更强、看上去比自己更有钱的地方。

变换一下服装,行为自然也会有所改变。(周末穿上轻便的服装后,你的行为与穿运动服时或者穿西服出席会议时一样吗?)既然建筑有助于体现企业的地位,那是不是可以认为我们可以通过改变建筑这一要素来改变企业的文化呢?如果这种猜想是正确的话,那让我们回想一下自己过去的经验。公司搬到新地方以后,公司处理工作的一些做法是不是发生了改变,甚至是彻底发生了变化呢?专家们认为这是完全有可能的,让我们来听听他们的意见吧。

被称做阿格巴塔(Torre Agbar)的自来水公司的办公大楼,在完工之后便成为了巴塞罗那的标志性建筑。其设计者法国著名的建筑大师让·努维尔(Jean Nouvel)说:"每次与企业合作时,他们对于想要什么,不想要什么都会给出一个明确的定义。比如说希望通过建筑物表现怎样一种形象,希望传递什么样的价值观等。"

对于阿格巴塔,努维尔说:"我希望通过粗犷的线条以及封闭的空间,表现出企业的实力雄厚以及伟大。"说个题外话,虽然阿格巴塔每平方米的租金在巴塞罗那是最高的,但是考虑到这幢大楼在媒体中所引起的反响，从做广告宣传的角度来看，这种投资还是很合算的。

和人一样，企业的外部形象是传递其身份个性的最迅速的方法。一般来说，人们在上班的时候都会穿得稍微正式和清爽一些。但是也有人为了表明自己的创造性，会穿得比较出格。比方说广告界的管理层、在服装界工作的人、开发软件的程序员、文艺界的演艺人员等。

下面，我想说明一下企业形象在各种意义上的重要性。但在此之前，我要申明一点，那就是要让外表起到重要的作用，这家企业首先必须拥有明确的行为规范和文化价值观，其次具备能够让客户和员工对公司产生感情的企业文化。每次听到“猴子穿上绸缎后，依然是猴子”这个西班牙的熟语时，我总会想起那些花重金做表面功夫提高品牌形象、却不用心做业务的公司。这样的公司即使外表真的很吸引人，让人一见钟情，但是当别人看到其内涵的那一瞬间，马上就会感到失望，并将注意力转向别处。那么能够抓住我们，让我们心动的到底是什么呢？当然，形象对于引起别人的注意起着很重要的作用，但是如果不能让被吸引的人感到有意义的话，这样的形象也没有多大的用处。因此，在确保靓丽的外形之前，必须先修炼好内在。

人性化的组织通过其办公室和销售网点来反映自己的个性与价值观：

- 注重细节
- 注重艺术品位
- 重视员工
- 价值观和开放的交流
- 重视客户的程度

因此,那些为了向客户和员工传达自己非常重视它们,并且愿为此做出改变的企业,必须改变自己对外的形象。

第三节 性感的公司与公司总部的形象

总部(以及其他的机构)就是我的家。来访的都是客人,所以我希望给每个到这里来的人留下好的印象,让他们对我和同事有个好印象。另外,在客户进入我们的家时,不仅要让对方感觉到我们的专业和值得信赖,还能了解到我们的信条、坚定、坦率、团结、有雄心、对自己严格(能够让自己达到员工和客户的期望)等价值观。

这个“家”——公司总部——就如同自己的产品及服务的介绍信一样,是我们生活的地方。因此除了感觉舒适以外,也必须是个能给我们带来刺激的地方,具有其他家族所不具备的个性和处事方法。

我认为没有什么地方能比自己的家更能体现一个人的个性。从房间的布置,我们可以窥视主人的爱好、性格,以及对他来说，人生之中什么最重要以及主人的创造力、经济实力等。因此我们要表现自己，应该通过各种设施来使自己的个性具象化。下面请让我通过前台这件事，来谈谈自己的一些想法。

首先要注意前台和访客用的内线电话。各位都听说过30秒规则吧？在对方见到你最初的30秒，就决定了他对你的印象。并且这种印象在后来的接触中几乎不会发生变化。客户来公司拜访时，这个规则也同样适用。我曾经听说，一家花重金打造品牌形象的国内著名企业，因为前台工作人员聊前一天晚上电视里播放的时尚节目，耽误了客人不少时间。还有一些公司的前台杂乱无章，没有打扫干净。内线电话也是一样，在等了好几分钟后，电话那头传来了有气无力的声音；或者等待接线员给你转电话时，突然被告知，要打另外一个电话。像这样的公司很难给人留下好的印象。

无论我们在管理层的办公室或会议室花多少钱装修，如果忽视前台的话，在穿过前台到达管理人员的办公室前，不好的印象实际上就已经深入顾客的脑海之中了。

因此，那些对顾客非常热情的公司（无论是对现有的顾客还是潜在的顾客），为了在极短的30秒内给对方留下好的印象，通常都会在前台安置公司内给人感觉良好、有耐心，能够给人留下好印象的人。其次要尽量避免电话的自动应答，或者尽量少用。虽然我也明白电话自动应答可以降低公司的成本，但是客户打电话来可并不是想听冰冷的设置留言，而是想要和人对话才打来的吧？如果是喜欢和机器打交道的人，一开始就会选择在网络上操作了，对吧？虽然员工用来应对客户的时间确实是宝贵的，但客户的时间更加宝贵，并且机器再怎么先进也绝对不会变得性感。假设你正在自己家招待客人，为了尽可能地给对方留下好印象，你一定会注意细节、重视礼仪吧？

如果要表现与其他家庭的区别，那就要表现出自己的个性，让访客和职员沉醉于你的魅力之中。如果想传达你的活力、乐观主义、对细节的重视以及温柔的话，可以利用空间、装饰、家具和照明等来表现。如果你对这些不感兴趣的话，可以模仿其他公司的风格或者制造一个公式化的没有灵魂的环境，但是那会让员工也变得没有灵魂，并给顾客也留下这样的印象。

其次是操纵人的感觉。“官能”是一个属于五感的词汇，或者说是一个与五种感官相关的词汇。如果你真的想诱惑某人的话，就要请他(她)来家里吃晚餐。要在打开门的那一瞬间，就让这个人闻到桌上点燃的蜡烛所散发出来的芳香，但要注意，香味不能太浓。在客人进入家门时，就应该要让他(她)看见装饰在桌上的鲜艳的花朵，让灯光如你所愿地制造出温馨的气氛。伴随轻柔的背景音乐，递上红酒杯的同时，也送上一份礼物，礼物的价格并不需要特别昂贵。要让整个家中都充满对客人的体贴。

我是性感的公司，我把自己的家提供给员工和客户，让他们在这里度过愉快的时光。

“美”可以给我们带来愉悦，能够刺激我们的创造性和新的构想。大家都知道，色彩能够对人的血压产生影响，能够控制人的精神状态。它既可以刺激大脑,又可以让大脑放松。但是,请注意物极必反!如果过度使用色彩,可能会给人带来压力,产生负面的效果。

据说,人脑中存在着能够和香味相互联系的感觉,所以,嗅觉也是一种重要的刺激感觉。因此,在办公室和店铺中使用芳香剂的企业越来越多。这些芳香剂中有购买时已调好的香味,也有针对企业特别制作的香味。这些芳香剂就和香水一样,可以将企业的个性与香味结合在一起,给人留下深刻的印象。在职场中使用芳香剂,可以提高员工在工作中的注意力和专心程度,从而达到提高劳动效率,减少压力的效果。另外,大量的研究结果表明,这种使用芳香剂的做法,可以将员工的犯错率降低21%,将劳动效率提高14%(数据出自《西班牙经济日报》(*Cinco Dias*)2007年11月3日)。

最后,还有一个最能够刺激人类精神状态的要素就是音乐。其中既有能达到刺激效果的流行音乐,也有能够让人精神高度集中的古典音乐。虽然,音乐的效果已经得到了许多研究的证明,但是英国谢菲尔德大学所公布的最新研究结果表明,要发挥音乐的最大效能,就不应该持续地播放音乐。因为长期持续地听音乐,会让耳朵习惯音乐的声音,从而使音乐丧失大部分的功效。因此,我建议在人体节律低潮的时候使用背景音乐,似乎在午餐前或者下班前放30分钟的音乐是最有效的。

能够对人产生影响的不仅有音乐还有声音。你所在的公司节奏很快,让人感觉高度紧张吗?那么,就试试在公司内播放喷泉的声音吧。现在已经到了项目和竞赛准备的最后阶段,你想改变一下办公室的气氛吗?那就播放敲击战鼓的声音。你想唤起喜悦的感情吗?那就播放鸟鸣的声音。

听了这些话,如果你想试试,又觉得这是在操纵人心的话,请不要担心,因为这是正确的选择。

第四节 个 性

在性感这一点上,有一家公司可以说是我的对手。这家公司的办公室和研究中心都非常有特点,而且很有意思。这家公司的员工可以带宠物(只要不威胁其他员工的安全)上班,可以在工作时间进入办公楼内的“极可意”浴缸[①]中泡澡,并且还可以在公司宽阔的娱乐场地玩各种电脑游戏。在公司大楼里,员工还可以在舒缓的背景音乐下免费品尝长寿食品。这里的员工甚至还可以在办公楼中打沙滩排球。

这家公司的名字就是谷歌。这些东西听起来很幼稚,让人感觉是在开玩笑。但是,这家公司在21世纪之初登上历史舞台后,便成为了成功企业的代表。这是真实的案例,不开半点儿玩笑。2008年1月,谷歌的市值已经接近1700亿美元。我这么

① “极可意”(Jacuzzi)浴缸恐怕是当今世界上最奢侈的浴缸了。极可意的双人用浴缸是世界上第一台装备有电视和立体声音响的浴缸。你可以一边享受水流的按摩,一边用漂浮在水上的遥控器控制内置于浴缸中的电视机和CD机。——译者注

说或许大家没什么感觉，这样吧，让我来举几个其他公司的例子来做一下对比。2008 年通用汽车的市值是 150 亿美元、迪斯尼是 550 亿美元、福特是 135 亿美元、花旗银行为 1200 亿美元，现在感觉怎么样？您明白为什么谷歌会成为让美国人认为最值得为其工作的公司了吧！

他们成功的秘密是什么呢？革新的企业内部再现了大学校园的氛围，这绝对是其中的一个理由。这里是融合了才智与娱乐的天国。就像当初《财富》杂志提出的疑问，到底是因为其股价突破了每股 500 美元而使得在这里工作更舒适呢，还是因为在这里工作更舒适从而导致股价突破了每股 500 美元呢？恐怕这个问题只有谷歌的创始人谢尔盖·布林(Sergey Brin)与拉里·佩奇(Larry Page)才能回答吧！他们在公司上市前，曾经表明“谷歌不是那种拘于形式的公司，也不打算成为那样的公司”。

诱惑是一方采取主动，让另一方接受自己的游戏。在这个游戏中，双方因为都获得了各自的利益，因此都会愉快地接受对方。请大家不要误会，我在这里所说的诱惑与强制相反，我说的是双方自愿参加，获得各自好处的模式。就像谷歌公司，午餐与晚餐都是免费的，而大部分员工经常加班到很晚也是不争的事实。

也就是说，谷歌能仔细观察并感受，对于那些刚走出大学的工程师们来说什么最具魅力，并能付诸实践。也正因为此，谷歌公司形成了自己的个性，它非常典型，也非常有魅力。但你也许会觉得自己的公司要采用他们的模式根本就不可能，因为马德里、伦敦、墨西哥和中国台湾等地区办公室的房租实在是太昂贵了。另外,自己公司的商品和服务与谷歌相比过于郑重。或许这是因为您所在的公司就是佩奇和布林的谷歌那样明确表示不愿成为的拘泥于形式的公司。想象力就如同肌肉一样,绝对不是女神恩赐给少数幸运者的才能。也就是说,如果公司能够建立起向员工传递自己重视员工的机制,并让其发挥作用的话,员工也会重视公司。

我在惠普工作的时候,大家有一起在食堂吃早餐的习惯,提供的咖啡和面包(在西班牙公司的人,早上还可以吃到吉拿棒①)都是免费的。美国的合资企业规定,每年都要对员工的满意度做一个问卷调查,后来这种制度也被欧洲的企业广泛采用。问卷中的一部分内容是与福利待遇等相关的,而惠普公司每年都会在养老金、职员与其家人的医疗保险、人寿保险、公司用车、公司的股票购买计划等方面做出很大一笔预算。问卷收上来以后,公司会对其结果进行分析,并且针对负面的点进行研究改进。特别是在福利待遇这一块,公司还会对投资回报率进行分析,用福利待遇与员工对其的评价进行比较。

你猜在这个分析中,投资回报率最高的一项措施是什么?是的,没错,就是早餐服务!但同时令人感到遗憾的是,对于必须重金投资的福利待遇,比方说企业的退休金计划,员工的评价有逐年降低的趋势。

---

① 吉拿棒(Churros),被称做西班牙炸油条,也有人译为“西班牙炸油鬼”,是西班牙人发明的一种炸面条小吃。——译者注

第五节 关注细节

我们在选择办公室的时候，一般只需要考虑那些重要的方面就足够了，比方说地点、房屋的布局、家具以及照明等。选择住宅也是这样，但是让我们区别两所房子好与不好的因素，往往都来自于细节。

性感的公司与细节的关注

有的人只抓重点而忽视细节。我认为这样的人不明白，只有细节才能拉开差距。在平常的日子里送上玫瑰花，在枕头上给爱人留个便条，在意想不到的时候给予鼓励或感谢的电话等都是注重细节的表现。注意细节，首先必须要有一种献身精神。我们除了要解决最重要的问题以外，还要适当地注意一下细节，因为细节也是重要的因素。

让我来换一种说法，就像你花了大价钱租下豪华的办公室，买好了办公家具和灯饰。但如果不进行后期的整理，把纸箱堆在走廊上，灯泡坏了几个月也放着不管的话，那租下这样的办公室就没有什么意义了。在这个问题上，我有很多的体会。

第一，注意细节是一个意识上的问题，而并非一部分人天生所具备的才能。因此，瑞士人擅长收纳整理，并非是因为他们拥有这种遗传因子，而是因为孩子从父母的身上继承了这种意识，使得这种意识成为了整个社会基因的一部分。虽然有人认为这种意识和态度是一部分富裕国家的特征，那为什么那些并不富裕的国家中同样也存在拥有这种意识的公司呢？这只能解释为，像人类所有的积极态度和意识一样，只有当人想注意细节时，才会拥有注意细节的意识。

第二，虽然这种意识每个人都应该具备，但却是强求不来的。这种意识首先需要去实践，用行动来表示。

第三，那些考虑细节的人必定也能很好地应对重要的局面。只对大的数字、大型项目以及重要的合同给予重视的企业文化，给员工传递的信息就是，只要把重要课题解决了就万事大吉。不用说，这种倾向是无益的，因为公司里其实没有那么多重要课题。

第四，一些看上去没什么大不了的恶习，有时候却可能成为某些事情发生的征兆。乱七八糟的办公室，大多数情况下表现出公司对于应该注意的问题不够重视，或者团队不够团结，管理上欠缺。如果员工不注重工作环境的话，也常常能反映出其投入到项目中的积极性不够，或者说责任感不足。

第五，最后，如果不注意工作环境，任其恶化下去的话，就有可能发生项目效率下降的初期症状。这就和人一样，如果不注重自己的外表的话，就可能会变胖。看起来脏兮兮的话，会让自己的伙伴感觉不愉快，甚至还会影响恋爱。

第六，尽管我知道外表并不是这个世界上最重要的东西，但并不是说它不重要。外表是一件值得注意的事，太过于注重或者不注重都不好。

第六节 销售网点

我写这一章的地点是离我家最近的星巴克,在我最喜欢坐的沙发上。每次一进入这家店,咖啡的香味就会扑鼻而来。我点完自己喜欢的咖啡后,就坐下来打开我的电脑,开始思考接下来要写的内容。店里播放的背景音乐或是流行音乐,或是爵士乐,音量不大也不小。舒适的沙发,简单而又不失活泼的装修,几份今天的报纸……营造了一个温暖、放松的氛围,让人觉得简直就和在自己家一样。店里没什么客人的话,店长会在我休息的时候跑来和我聊天。“第三场所”是星巴克的基本精神。所谓第三场所,是指人们除了家庭和办公室以外希望停留的地方。这里的员工会记住你的名字,店里的气氛也能让你感到温暖和安心。

我还记得星巴克宣布进入欧洲市场时的情况。那个时候,很多人都怀疑这家美国企业能否成功地打进欧洲市场。优雅的法国咖啡、充满活力的西班牙咖啡、干练的意大利咖啡……也就是说欧洲这个地方,到处都是喝咖啡的地方。在这个有着成熟咖啡文化的地方,大家都不认为美国的概念会获得成功。可是,从那以后的数年时间里,星巴克咖啡的店面数量从1987年的17家增加到了2007年的13 000家。它在西雅图开了第一家店以后,以每天同时增开几家新店铺的速度持续增长,并且这个数字还在持续增长。

那么,星巴克的成功秘诀到底是什么呢?我们在分析某一家企业或某一个人的时候,绝对不会说某一个明确的因素就是唯一的秘诀。但是,如果要举出其一个亮点的话,我认为就是星巴克所制造出的氛围,它的装修、音乐以及咖啡的香味让到这里来的顾客感觉像回到了家中一样(甚至有些人认为这里比家还好)。星巴克很好地诠释了店铺的重要性,它告诉我们重要的不仅是商品,建立一个让顾客感到愉快的消费环境也很重要。

还有一个例子能证明销售网点是企业成功的一个关键。大家都已经知道ZARA不喜欢打广告,但是我认为这样说并不全对,因为ZARA是在用其他的方法做广告。也就是说,店铺就是广告。ZARA的店铺必定设在各个城市的繁华街道,因此店铺的橱窗就成为了这个品牌在繁华街道上的一个高雅并且充满想象力的"广告牌"。即便是牺牲一部分销售的空间,也要重视品牌形象的店内设计,这在业界被称为是具有革命性的。和谐的线条、高品质的材料、用心的照明、与店内氛围相契合的背景音乐……借用一位顾客的话来说就是:"在ZARA的店里,也有在阿玛尼和罗意威里一样的感觉。最大的差别是在收银台付款的时候,比起阿玛尼的服装来说,ZARA的衣服价格便宜多了。"

无论是购买电器、音乐、服装还是书等,我们应该认识到"购物"这一行为除了商品购买的必要性和购买后的实用性以外,还存在其他的东西。也就是说,购物本身可以给人带来喜悦。客人会满足于流连在不同店铺中,来回比较衣服,寻找自己想要的衣服。据某统计结果表示,游客在国外观光时,有三分之一的时间花在了购物上(当然,这个统计是扣除了睡眠时间的)。

随着网络时代的到来,大多数企业都开始计划在网络上销售自己的商品。利用新技术,人们瞬间就能够在网上看到大量的商品,由于节约了人工和场地的费用,因此可以以更加便宜的价格把商品提供给用户。顾客也可以一天 24 小时待在家里浏览上千家商店的产品。甚至还有一些专家认为,网络无可阻挡的势头可能会让目前存在的大部分实体店消失。但是时隔多年,虽然网络的优势和运用规模大幅度扩大,但是路边的店铺和商场却并没有显露出任何要关门大吉的迹象,反而数量还在不断地增加,房租也急速地高涨。宜家、万得城电器[①]、苹果公司、ZARA、和 H&M 每天都有新店开张。理由很简单,还是那句话,购物这种行为本身就是一件令人开心的事情。顾客一边在商店内闲逛一边挑选商品,从进入店铺的那一刻起,他们的五感(色彩、声音和香味等)就被吸引,他们是在享受与店员的交流。

说到这里,在网络泡沫最盛行时,ZARA 就曾表示不会在网上销售自己的商品。对于这一决定,当年还遭到了经济新闻记者和证券分析家们的批评。ZARA 这么做是因为考虑到顾客在购买商品的感受。最后这个决定也得到了时间的证明——流行时尚在网络上无法销售。

① 万得城电器(Media Market)是欧洲最大的家电量贩连锁店。

性感的公司与销售网点的形象

对我来说，店铺就像卧室，是展开最后战斗的场所，也是下最后决定的地方，是真实的瞬间。如果在这里失败了，那过去所做的一切——广告、一直以来向别人传递的信息、品牌的魅力——都将付诸东流。因此，作为一家性感的公司一定要注意，因为只要走错一步，所有的努力都会白费。

第一，刺激五感。销售网点要通过对视觉、听觉（恰当的音乐对于感官蕴涵强烈的刺激）、嗅觉的刺激来显示自己的个性，并且要尽可能地发挥触觉的作用。在苹果公司的零售店里，顾客可以亲自操作和体验各种机型。在这一点上苹果公司与ZARA是相同的。

第二，要宣扬自己的个性。如果自由是我们的信条，我们就会首先告诉顾客："您好，在店内请自由选购。购物期间不会有人来打扰您，除非您需要我们的店员帮助，否则我们不会主动上前询问您想找什么。"其次要明确表明我们对客户的信赖。"您选错了？每个人都有犯错误的权利。虽然您已经购买了我公司的产品，但只要您觉得不合适或者颜色不喜欢，我们都无条件给您退换。"

第三，不要贪财。我们的目的并不是销售，或者想方设法从客户的口袋里掏钱出来，而是为了满足客户的欲望，分享他们购物的愉悦。

第四，不要让客户觉得无聊。客户本来就是很花心的，要让他们经常来店里购物的话,就必须提供优质的商品,展示有魅力的形象,让他们对这个品牌产生感情。其中一个方法是绝对不能让他们感到腻味;还有一个方法就是不断地推出丰富多样的新品,并先于自己的对手将产品推向市场;最后一点是,不要忘记,要尽可能地经常变换店面的摆设,要把店铺弄成一个一进去就感觉很享受的游乐园。只要客户一踏进这个"卧室",就情不自禁地要赏玩一下商品才肯出去。

第七节 产品设计

不久以前,产品的开发注重的主要是产品的功能,如洗衣机只要能够把衣服洗干净就行了,样式的设计是高级品牌或者贵重商品的专属物。如果你想购买汽车,那在各个厂家所提供的各种车型中挑选一个价格合理的就好了,但是如果你想买一辆回头率很高、很拉风的汽车的话,就只能选择法拉利。当然,与此同时你必须支付一个配得上法拉利的价格。服装也是一样,上百家店给消费者提供了一个数量庞大的商品目录,但是如果你想要买到时尚界最流行的服饰的话,就只能到高级的服装店,掏光你钱包里的最后一个硬币去购买限量版的款式。设计和时尚界的价格远远超出了中下层阶级的消费水平。

但是,在高级市场销售商品的企业,都不需要投入大笔的资金来对品牌进行宣传。为什么呢?因为他们的目标客户群定位在社会精英,只有那些有消费能力的人才会关注。因而形成了这样一个世界：只有少数人能够拥有以天文数字购买限量商品的特权，剩下的几百万人确信自己绝对不会那么幸运，只有羡慕的份儿。

随着时代的发展，中层阶级的状况在一点点改善。他们的孩子可以接受教育，发达国家再也看不见饿肚子的儿童，医疗保健的范围也覆盖到大多数人。但是，美的世界仍然只属于少数人，在某种意义上仍然和过去一样。只有贵族阶级才会雇佣艺术家定制精美的家具。因为即便中层阶级获得了经济和政治的权利，但是还没有完成征服“美”的革命。

“嫉妒”无论是好是坏，都一定是推动历史前进的原动力之一。在文化的大变革、科学的大发明以及军事的大征服中，主导者很多都曾经是中层阶级的人。当他们看到其他人的权力、财力和影响力比自己大时，心中就燃烧起占有的欲望。为什么别人有，自己没有？于是嫉妒变成了欲望，欲望又被付诸实际行动。

在那个“美”还只属于一部分富裕阶层和当权者的时代，那些有先见之明的人就已经注意到，有很多人都希望享受美，并且这些愿望应该得到实现。因此有人提出“要用美丽的商品填满你的柜子，装饰你的家。你不必是一个亿万富翁，也不必是电影明星，因为你就是你人生中的明星。你也没有必要花上好几年的时间来期盼某物，因为你立刻就可以拥有它”。其中把这种精神发扬光大、具有代表性的公司就是 ZARA 和宜家。

阿曼西奥 · 奥尔特加与英瓦尔 · 坎普拉德（Ingvar

Kamprad，宜家的创始人）对未来有着共同的看法，他们要把那些过去曾专属于富裕阶层的、带有设计感的商品提供给大多数的消费者。但应该怎么去实现呢？是的，就是靠降低价格。

然后，与 ZARA 和宜家一样、另外两家我先前提过的也很喜欢的公司——苹果公司和维珍集团，在价格上采取了与 ZARA 和宜家完全不同的战略。他们并不反对高价，他们的产品定位并不只针对富裕阶层，但是价格会高于平均价格。那么，这两家公司共同发出了一个什么样的信号呢？那就是他们最重视的是美、温暖以及并非遥不可及的价格。

这个世界终于从偏重于功能性的无聊的束身衣中解放出来了。在此过程中，捆绑微软公司 Windows 的电脑席卷了整个世界，形成了微软公司与苹果公司竞争的局面。无论是软件还是硬件，尽管专家们都一致给予苹果电脑很高的评价，但是安装微软公司 Windows 系统的电脑依然拥有 98％的市场占有率，苹果公司一度陷入死亡的边缘。可史蒂夫·乔布斯把公司的命运押在产品的设计上。这一次，他赌赢了。今天的苹果，仅美国市场就销售了 100 多万台 Mac 电脑，并且市场占有率在逐年攀升。

性感的公司与其产品的形象

我的精髓是“性感”，我的产品也是官能的，无论是咖啡馆还是经济报，这些产品都是为了诱惑消费者而设计的。您是否曾有过这样的经验，在逛商场时会忍不住拿起一件商品来看，或凑到跟前想要闻其气味。一般来说,人们都想要占有自己希望感受的商品。

虽然我不是产品设计的专家,但是我知道我的同事们都意识到设计对于一个产品来说有多么重要,并且一直在为此付出努力。如今这个时代,谁都明白产品的品质与价格有多重要,但是我们可以从容易被忽略的产品设计中看出产品的差别。

从我有限的知识结构出发,我想对产品的设计说几点:

- 产品的设计是手段而不是目的。
- 产品的设计与功能就如同硬币的正反面。
- 你最好不要相信那种认为不同国家的人有着不同喜好的说法,因为无论是苹果、星巴克还是ZARA都不这样认为。好的设计无论是在圣保罗还是在香港都会被认可,人心不会因为国家不同而有巨大差异。更何况在这个全球化的时代,大家的喜好不会差别太大。
- 在价格和设计中只能选择一样?那就两者都要。

我希望大家记住,我们的客人要在数百件商品中作出选择,其中大部分商品的质量和价格类似。如果我们希望客户把目光投向我们的作品,那么我们就必须踏出第一步。在运用诱惑的技巧之前,我们还有一件事必须要做,那就是展示出自己充满野心的形象和对美的高要求。

第八节 专业的形象

下面来说一个我非常喜欢的、也很有意思的故事吧。我想大家都知道,一家公司在上市之前,考虑对其进行投资的银行和其他金融机构会对这家企业进行尽职调查。在该调查中,投资人对目标公司的各个方面(比如事业内容、财务状况及战略措施等)要进行详细的分析,给企业作出评价,并对其未来的股价进行评定。其中必定会实施一项叫做“经营尽职调查”的调查,目标公司的管理层们都要到投资银行的分析家们面前进行说明。这些代表投资银行参加说明会的分析家们,一般都很年轻并且具有攻击性,常会向进行说明的管理层提出一些尖锐的问题来为难他们。

Inditex集团是在2001年上市的,但是在其股票公开发行的几个月前,就接受了经营尽职调查。对公司的商业战略进行说明的是当时ZARA的产品部经理何塞·托雷多(Jose Toledo)。在说明会快要结束的时候,和通常的情况一样,托雷多被问到了几个尖锐的问题。当时他刚刚50岁,身材瘦长、白发,给人一种完美的形象。

在托雷多毫不犹豫地回答完大部分的问题后,一个来自伦敦某投资银行的年轻人为了让托雷多出丑,对ZARA的商品形象(设计优良但价格便宜,品质不高)进行了提问。

“托雷多先生,您刚才所说的都非常精彩,但是,您不能否认

ZARA 的产品质量很差，ZARA 服装的客户群是那些买不起高级服装的特定人群，是吧？”这个提问的年轻人身上穿的是一件至少价值 1 000 英镑的西装。“我很想知道，您身上穿的衣服中，有几件是 ZARA 的？”年轻人打算用托雷多主张中的矛盾来为难他。

“你是说 ZARA 的衣服吗？请稍等一下。”托雷多开始确认自己身上的衣服，“我身上除了一件以外，其余全是 ZARA 的衣服。”

托雷多看着那个年轻人，继续说道：“这次该我来问您问题了，请问您认为我哪一件衣服不是 ZARA 的？”

年轻的分析家脸上表现出困惑，然后一边盯着托雷多一边看着托雷多的着装开始进行分析，试图找出最优雅的那件。但是最终他都没有回答出这个问题，这时出席的全部人员脸上都洋溢着笑容。托雷多走出会议室时，我凑上前对他说：“托雷多，你说身上穿的除了一件以外其他都是 ZARA 的产品，这是个谎言吧？”

托雷多是这样回答我的：“虽然你我都知道这是个谎言，但是他们已经相信了。我想这次我们又赢得了几个客户。”

要评论企业的专业人员的服装，就如同在泥地中行走一样困难。除了那些为了识别公司的员工，或者为了安全和卫生要求员工必须身着统一服装的公司以外，公司是很难管理员工的服装和外表的，因为这是与工作无关的私人问题。

然而，客户、供应商以及社会上的普通人会通过员工的服装对企业给出一个印象分。具体来说就是，通过员工的服装，我们就可以看出企业的个性与业务范围。再说具体一点的话，就是通过服装，我们有时甚至还可以看出一个人当时的精神状态，可以了解企业当时的运营状况。您不这样认为吗？

虽然我们很难管理员工的服装和外貌，但是我们拥有一个极为有效的工具，可以让管理层们改变员工的一些行为。这个工具就是“用行动来做榜样”。让我们再一次来看看那些被我多次提起的公司领导们吧。

史蒂夫·乔布斯喜欢亲自公布自己公司的新产品。每次发表新产品时，他展示的自身形象既精致又大胆，给人感觉很酷：不太长的胡须，黑色的衬衣、牛仔裤配上休闲运动鞋。史蒂夫·乔布斯已经不年轻了，但他知道自己的公司要成为创新型公司的榜样，公司的产品设计就必须含蓄但有美感。因此，即便自己不年轻了，自己形象也必须和公司及产品的形象相契合。大家看，这即是用行动来做榜样。

谷歌的拉里·佩奇与谢尔盖·布林则不怎么注重自己的着装，就算两个人去参加美国某大学的校园舞会，都很难被认出来，因为他们不太在乎服装给人的印象。比尔·盖茨过去一直穿的都是类似于政府机关工作人员所穿的那种刻板的服装（为了凸显苹果公司很酷的形象，乔布斯曾经把比尔·盖茨的形象用在自己的广告里）。

恐怕最为极端的例子要属维珍集团的创始人——理查德·布兰森了吧！他为了宣传自己公司的产品，竟然毫不犹豫地穿上了婚纱,甚至还带上面纱。这种宣传方法(虽然并不是任何时候都适用)让我想起20世纪70年代的摇滚歌手。那些摇滚歌手为了引起人们的注意,都披着白色的长发,留着短胡须。

那么ZARA的阿曼西奥·奥尔特加表现又如何呢?我想他恐怕是最耐人寻味的例子之一吧。奥尔特加在过去的很多年里一直隐瞒自己的姓名,只在公司上市以前,公布过一张身份证上的照片。公司上市后,迫于媒体的压力,他才不得不公开了几张个人的私人生活照。但至今为止,他仍然非常重视自己的隐私和形象,从来没有接受过采访,也不曾出席过股东大会。对公司形象如此重视的一个人,为什么要隐藏自己的形象呢?这一点让每一个人都感到非常好奇。或许是因为他知道自己的形象远远比不上自己所创造的企业的形象吧!并且在面临选择自己还是公司的时候,恐怕他会选择公司的吧!事实上,每次奥尔特加在拉科鲁尼亚的总部总是穿着同一身服装:蓝色的衬衣,冬天的话是深灰色的西裤,夏天则是卡其色的西裤,外加一双茶色的平底鞋,其实就是一身很低调的服装。他不希望别人通过自己的着装来判断公司的形象。

苹果公司、谷歌、维珍还有ZARA这四家公司的创始人的一个共通点就是四个人都不系领带(奥尔特加只系过两次,是他亲自告诉我的,那两次都在他的结婚典礼上)。这四个伟大的人不系领带并不是因为怕大脑供氧不足,而是为了给我们传递某种信息,为了突破严肃的道路。

20世纪80年代之前,我曾经读到一篇文章说,IBM的行为规范中要求业务员去见客户时，必须身着黑色西服和白色衬衫。其实这没什么好奇怪的，因为 IBM 这个相当值得信赖的品牌，将其认真的态度融入业务人员的着装之中。事实上正因为如此，他们获得了巨大的收益。但是正如前面一章我所提到的，如今这个时代与过去那种重视正式、尊崇权力、把严格视为很重要的因素的年代不同，我们不必再为了让对方认真听我们说话而穿得跟参加葬礼一样。相反，越是表现出严肃性，越会使员工与未来的客户走得越来越远。虽然我们也没有必要像布兰森那样穿上新娘的嫁衣，但是如果你希望诱惑客户，那就必须想方设法展示出你与所在的公司、与想要诱惑的对象之间的和谐。

大家都知道，硅谷是这个世界上每平方米都能创造出巨大财富的地方之一，也是我们经常能看到 T 恤和便服的地方。在这里工作的人着装并不像那些身着高级西服、在华尔街发表重大言论，或让安然公司倒闭的那些高层和重要人物那样，每天都穿得很正式。

作为商务人士的形象顾问，卡鲁门 · 梅隆关于着装对企业的影响作了一个调查，并且得出一个结论：那些着装能表现个性的专业人员，成功的概率更高。对此结论，卡鲁门是这样说的："对于这个结论，我一点儿也不感到惊讶。因为个性的着装会得到公司的好评。而且要表现自己的个性，形象是最直接的方式。我们没有必要刻意打扮得很正式，只要能够让周围的人感到舒服就可以了。"

“当然，不光是人，公司这样的组织机构也要学着包装自己，学习磨炼性感的基本技巧，剩下的就是时间和经验的积累了。”

有人认为风格无法教授，美也无法传播。那我建议这些人去佛罗伦萨和罗马逛逛。在那里，美的传播造成了竞争，而竞争的结果又把美传播给了更多人。生活在这里的每一位当权者，都争先恐后地要建造出比前一个帝国更加完美的建筑物，制造出更加完美的艺术作品。同时，这些最高支配者的行为又得到了王公大臣以及贵族们的追捧。就这样，艺术一直都受到各个帝国权力阶层的恩宠，由此产生美创造美的环境、文化中滋生文化的原理（这种情况在整个历史长河中都可以看到）。就是在这种情况下，西班牙迎来了文学的黄金时期。当时出现了一大批伟大的诗人和作家，比如克维多（Quevedo，1580—1645，他写的《最后的审判》是流浪汉小说的杰出代表）、洛佩·德·维加（Lope de Vega，1562—1635，他是西班牙最高水平的剧作家，他的作品受到贵族和普通民众的广泛喜爱）、贡戈拉（Gongola，1580—1645，他初期主要创作浅显的诗，后期转向比较难懂的风格。其独特的表现手法被称为“贡戈拉主义”，对西班牙后来的诗坛有很大的影响）、佩德罗·卡尔德隆·德·拉·巴尔卡（1600—1681，西班牙黄金时期戏剧两大派之一的代表人物。其别具匠心的舞台设置、在戏剧中融入舞蹈及音乐，开创了戏剧的新风格）、米格尔·德·塞万提斯（Miguel de Cervantes，1647—1616，其最著名的小说就是《堂吉诃德》)等。意大利文艺复兴时期的绘画也是如此。这里不存在偶然,存在的是美的传染和竞争的结果。这些因素结合在一起,为追求创造性和作品的品质创造了环境。

下面让我来举一个极端点的例子。ZARA(这个例子我再熟悉不过)每年都要出两万种服装样式。前面我已经说过,这些样式中只有10%在夏季或冬季的促销活动之前推出,其余的全部都在促销活动时设计、生产推向市场。多样性、创造性和速度是ZARA产品部门的专业人员必须具备的基本素质。他们负责设计服装、与各家店铺联系、销售以及和工厂协调。由于这个品牌是如此的成功,所以或许大家都以为这个部门的专业人员都毕业于超一流的设计学校或者时尚学院。

但事实并非如此。可以说在ZARA工作的设计师中,从一流学校毕业出来的人非常少。要成为产品部门的工作人员,必须具备三个基本条件——喜欢时尚,有一定的文化程度,有个性的形象。比起技术能力(可以在知名的学校学到)、设计的经验(可以在成功的企业积累)、外语水平(请大家记住,ZARA是一个打入70多个国家的公司),我们更加看重应聘者的穿着以及容貌。

这个例子比较极端,或许并不适用于大部分企业,但是对于ZARA来说,这个标准非常适用。另外,为了让大家更加容易理解我的这种理念,举一个更加极端的例子是必要的,而加利西亚的ZARA就是这个极端例子的代表。

性感的公司与专业的形象

或许大家已经注意到了，我非常希望别人能够喜欢我。但是，要被别人喜欢，首先我们必须先喜欢自己。因为只有这样，周围的人才会喜欢我们。因此，我希望我的员工能够重视自己的形象。这样大家才会喜欢自己，然后相互喜欢……我们的客户才会喜欢我们。

要做到这一点有几个技巧，下面让我来教你们吧！

创造一条自己的路。注意个人的形象，让你的高层们也注意自己的形象。有了形象做前提，其他的东西自然而然就会获得了。

要穿得优雅，但不允许穿让人感觉不好的服装。可以穿休闲服装，我也推荐穿得休闲一点儿，但是，不等于说可以穿打篮球时穿的 T 恤或者凉鞋。客户和一般人都喜欢稍微休闲一点儿的打扮，但是讨厌低俗。我希望大家能够注意到这个问题。

第三个技巧就是交流。总之要和他人进行交流。大家意识到这个问题以后，和别人交流的时刻也就来到了。它是企业个性的一部分，必须作为企业员工的工作精神之一，根植于每一位员工的脑海之中。有了和别人交流的意识后，只需稍微改正一下过去的不足，就可以很好地与他人交流了。

有效地利用专家（形象顾问），这可是一项不错的投资。

我们首先要记住，形象并不是全部，但是单是有内涵也是不够的。性感的公司在外表和内涵两方面都不会疏忽。因此，我认为最好能够同时意识到形象与内涵的重要性。公司形象变好了,并不表示这个公司就一定能够变好,但是这将有助于信息的传递以及理念的推广。其实人也是一样,因为人类永远不会停止对美的追求,这是件值得高兴的事情。比如化妆可以掩盖面部的缺陷,用漂亮的外观吸引周围的目光,让自己显得与众不同,而这些并不会对你的内涵有任何坏的影响。

第六章　智慧的力量

据说，性欲是人类与动物的共同特质，但只有人类才拥有好色之心。如果性欲对于动物来说相当于声音和食物的话，那好色之心对于人类来说也许就如同音乐和美食一般。也就是说，智慧和好色是人类独有的特征，并且两者之间有着无法分割的关系。

我前面已经说过，那些想要用性感去魅惑他人的公司，必须同时具备三个特征——诱人的形象（让你感觉很愉快）、诱人的个性（你被它吸引）、卓越的智慧（它能够刺激你）。

智慧有助于我们作出决定。我们作出的正确决定比错误决定多的话，就会被认为比别人聪明。智慧也和人类其他的特质一样，分为个人的智慧与集体的智慧。集体的智慧源自两点：其一是在组织形成以前，那些为这个组织工作的人们所创建的、共同的平台；另外一个就是在这个平台上人们共同劳动，根据过往的经验积累形成的如今的智慧。虽然第一个平台很重要，但是如今的智慧更加重要。

性感公司的智慧与前面我所说的才能不同,它不等同于先天的认知能力,也不是人们后天习得的冰冷的、学术性的技术。才能完全就是个人的东西,而性感公司的智慧指的是集体智慧。并且,性感的公司并不相信记忆力这种东西。为什么呢?因为记忆力(记住学到的东西)与创造力(创造东西)是无法共存的,特别是在这个极速变化的时代,过去记住的东西可能马上就会被淘汰。因此,我希望每个人都能在不荒废自己所学到的知识的情况下,拥有像孩子一样的新奇想法。

企业形象是让我们对一家企业产生兴趣的最初的东西,但只有智慧才能抓住我们,让我们无法离开它们,让我们感觉到了殷情的接待。性感公司的智慧基本表现在公司的行为与经营模式上。但是,在这里值得我们思考的是,经营模式并不是由极为有限的几个高层或管理人员所管理的东西。性感公司的经营模式,就如同大脑不同部位分管不同功能一样,各部门有着各自的作用,没有哪一个部分会比另一个部分重要,它强调每一部分的作用都同等重要。

在这里,我想说一件过去发生在 ZARA 公司的事情。ZARA 公司经营模式的一个关键点是,每周都会给各个店铺配送产品。这个制度使得世界各地的顾客都能很快享用到新产品,也使我们能够及时地抓住客户的品位,重点生产畅销的产品。根据客户的需求,从确认新的流行趋势到制订产品设计计划,从生产到销售,全部过程只需要三周时间,这使得各家店铺的库存几乎为零。我们为什么能够做到这一点,这是因为一周两次的产品配送，使得我们能够及时地抓住市场需求，确保产品能够符合大众的口味。另外，设计部门准备的种类丰富的商品中，配送的款式、尺寸、颜色、数量等都是由各家店铺的负责人来决定的。也就是说，ZARA 的各家店铺货物绝对不会完全相同。

要平衡各家店铺每周两次，并且数量庞大的订货，就必须很好地协调设计、生产、物流以及销售的价值链。确保了流通的顺畅后，也就不容易遭受因客户需求变化而带来的损失。但是，这确实是一个很复杂的模式。真的可以说不容易遭受损失吗？

几年前，法国的货车司机们进行罢工，司机们为了施加压力，用卡车封锁了边防检查站，使得那些通过陆路交通运输商品的企业遭到了很大的打击。对于采用零库存体制的 ZARA 来说，那次罢工简直就是一场噩梦。ZARA 公司的工厂和物流中心都在西班牙，因此罢工持续的话，各家店铺的产品很快就会全部卖完。当时罢工已经持续了数日，也出现了延期的可能。ZARA 第一次陷入了困境。

我们到底应该怎么办？公司召集了与这个问题关系最紧密的物流、生产和运输部门的高层以及部分仓库管理员、店员及设计师，召开了一个紧急会议。通常召开这样的会议都是为了听听一线人员的意见，因为解决问题是全体员工的事情。

在这次会议上，大家提出了各种各样的方案。虽然海运也是其中一种选择，但是海运时间过长，赶不上产品的供给速度。尽管会上也讨论了铁路运输和航空运输，但是铁路运输的协调十分困难，而航空运输费用又比原来的费用高出了好几倍，各种方案都被否决了。这时,一个坐在桌旁一直没有发过言的仓库管理员突然开口说道:“我的父亲是开面包店的。”

愁眉不展的其他员工们都把目光转向了他。

“我的父亲通常都是用面包车来送货。那车虽然没有卡车装得多,但是不也可以装货吗?而且现在罢工的只有货车司机吧?”

Inditex的运输负责人立刻作出了反应:“我去打个电话。”说完他就走出了会议室。

其他的人都留在会议室里思考,在罢工期间如何将数百万的产品用面包车运送出去。几分钟后,运输部的负责人回来了,他向在座的各位汇报说:“由于罢工只限于货车司机,因此面包车要通过边境完全没有问题。从管理的角度来看,这也是有可能的。目前唯一的问题是,我们需要把其他部门正在使用的面包车借过来。”

这时物流部长问道:“还有没有比这个更好的方法?”但是没有人回答。也就是说,每个人都认为不会有比这个更好的方法了。

于是物流部长说:“那么,下面我们开始去找面包车。”

第二天,从其他部门借调来的面包车驶出了拉科鲁尼亚,而且运送价格也很便宜。多亏了这位年轻的仓库管理员,ZARA守住了自己对客户的承诺。

集团的智慧是大家共有的智慧。智慧没有优劣之差,只要想解决问题,谁都可以成为那个出谋划策的人。阿曼西奥·奥尔特加被誉为打破常规的经营天才，比如奥尔特加试图规避所有风险的做法。他的事业是从13岁的时候，与哥哥在一家店里做服装配送员开始的(拉科鲁尼亚可以算是他的第二故乡，他在那里一共开了三家店)。他从服装配送员到店员，又从店员晋升到店铺的管理者。他过去曾对我说过，如果当初那家店的老板采纳自己对于提高销售额的建议的话，他绝对不会从那家店出来创立自己的事业。

他说："如果那位老板听我的意见的话，或许我现在还在那里工作呢。那么ZARA也就不可能成为改变时尚界的新生力量了。"

正因为奥尔特加曾经有过这样的经验，所以他才会平等地听取每个人的意见。同样，谷歌允许全体员工在工作时间内，拿出一部分时间来安排一些个人的创造性活动。如果去掉大多数人的创造力，就容易把大部分人的智慧托付给少数人(比如管理层等)，这是件很浪费的事情，也是很危险的事情。

第一节　性感服务的智慧

玛丽莲·梦露是20世纪最性感的人物之一，对于这个评价应该没有人会反对吧？但恐怕还有一个事实一定会让大家大吃一惊。梦露的IQ值竟然达到了164！而爱因斯坦的IQ值也只有160。梦露还有一个特点就是不知疲倦地努力工作。为了发出能够俘虏百万影迷的声音，她花了很长的时间进行训练。这个在孤儿院长大，并不算非常美丽的女子，完全是凭借她的智慧才能够成为世界最性感的女性，并取得非凡的成就的。

我想大家都见过外表非常美丽，但是和其谈过几句话后，就感觉其魅力消失的人吧？没有内容的谈话、愚蠢的行为、不合时宜的举动……这样的人即使最初给人非常有魅力的印象，但是如果没有相应的智慧的话，大家也会对他失去兴趣。企业也是如此。

一位科学家曾经说过，智力是由环境和先天的遗传形成的。或许人类的智力大部分受遗传因素的左右，但企业的智力应该多半是受环境的影响，因为有很多人都在为企业作贡献。

想要提升公司内部的智慧，并让其成为形成企业经营模式的遗传因子的话，企业必须制造出一个自由的环境，让员工无所畏惧，并且用行动来表示。

性感的公司与智慧

我经常对和我一起工作的人说，让我们公司显得与众不同的不是我们的智慧，而是我们如何萌生了一个新想法，并能够针对问题采取相应措施的环境。在这个环境中，我们为了孕育出“某些东西”而致力于“如何做”这个问题上。我很喜欢我的员工，但并不是说花多少钱雇佣他们都无所谓。因此，我认为必须让他们开动脑筋。为了让智慧发挥作用，我们必须工作。麻省理工大学的戴维·卡尔布教授曾经说过这样的话：“有些人行动但不怎么思考，如果这些人开始思考了会怎么样呢？还有些人虽然思考，但并不采取行动，如果这部分人行动起来会怎么样呢？”

没有自由的地方就没有爱。如果强迫你爱上你并不喜欢的人会怎么样？很难吧？在我们的日常生活中没有人会这样做。但是，在公司这个世界里，至今还有人认为既然付了工资，就应该负起超过这个价格的责任。他们仿佛就在说“因为我付给你工资了，所以你要把灵魂交出来”。这样的上司混淆了性（出卖自己的劳动）与爱（付出自己的劳动，回应对方的爱，两个人共同度过美好的时光）的真实意义。

经营者对员工说：“你可是公司花钱雇来的。”这样的话让人感觉是在责难一个卖身的妓女一般。这时员工也一定会这样想：“那你呢？你给了我些什么呢？只有钱吗？光有钱有什么用！”但是，这些话员工是不会说出口的，因为他们有恐惧（这是最不好的感情抑制剂）。员工会想，既然公司与员工的关系如此疏离，公司也没有给自己想要的东西，那还有什么理由留下来呢？

选择、想象与意见的自由才能产生出魅力。有趣的是，智慧也是在自由的环境中成长起来的。古希腊和意大利的文艺复兴就是这样的。自由才是爱与智慧的母亲。

企业作为一个好的爱人，不能通过惩罚来强行留住员工和客户，而是应该引诱他们、迷惑他们，让他们迷恋上自己。性感的公司知道，虽然违背对方的意志，强行把对方留住是条捷径，但这种做法会使双方都遭到严重的损失。

因此，我们要努力去除自己组织内的恐惧，恐惧是扼杀爱和自由的屠夫。我不允许任何人炫耀权威。权力是没有安全感的人使用的东西。为了消除自己的不满和不安而使用权力的人,必定会变得很残暴。

这种没有能力的上司只会下达命令,却不能给出建设性的建议,没有理由地乱骂一通,只看结果却不懂得尊重。自己没有判断能力,只会把一些做不到的事推给他人。

这样的人以及认可他们的人,只能创造出一个恐怖、压抑以及黑暗的社会。就像过去被虐待的小孩,长大成为父亲后也会虐待自己的孩子一样,无情的上司也只会培养出无情的下属。如果这些异常的行为变得习以为常,那么就不会有谁能打破这种恶性循环了。

恐惧会让人麻痹,产生出欺骗和没有责任感,让人失去信心,扼杀创造性。在这种压抑的环境下,不可能萌发出新点子、新想法。因为新的想法就和植物一样,要在自由的环境下才能很好地成长。

我认为每一个人都不应该害怕展示自己的思想、主动性,要解放自己潜在的想象力。这经常决定了企业成功与否,让我们回到原来的话题吧。总之,企业组织应该创造一个让专业人员敢于发表自己意见的环境,而不是一个让他们感到恐惧、不敢轻易发表意见的环境。对于这个问题,我有几点建议:

- 要想知道公司内权力是否被滥用的话,只需要与员工进行谈话。请注意,我说的是谈话,而不是进行问卷调查，否则同事和客户都会远离你。从你的座位上起来，到大家的身边去。如果不这样的话，你就不会知道究竟发生了什么。

• 不能容许权力的滥用、蛮横的行为以及“我这样说你就必须这样做”的理论。要严格地审视各环节是否按规章制度办事，是否符合要求，是否达成了目标等。如果能排除那些超过权力范围的行为，员工就会慢慢产生责任感。

• 要让专业人员在感受到自由和尊重的同时能够发表自己的意见和建议。但是，一旦作了采用某人的建议的决定，之后，任何人都不能推翻这个决定。因此，在听取想法的时候，要有一个宽容的心态，而下决定的时候要审慎。

第二节　用行动来表示

用行动来表示，或许是传达行为规范最有效的方法。每一位公司的领导都应该时不时地问自己，是否亲自实践过自己想要传达的价值观。如果领导的言行不一致，哪怕只有一次，也会失去所领导的团队对自己的信任。请问大家是如何看待那些一边抽着烟，一边大谈吸烟危害的医生的？

我们经常能看到，许多上司告诉下属不能对客户失礼，但是自己对下属的态度却非常糟糕。如果你要求下属要对客户笑脸相迎的话,首先自己就必须保持笑容。如果认为应该给客户提供快速有效的应对的话,那么自己是不是也应该给下属快速有效的反馈呢?

用形象来引起注意,用智慧来捕获对方。下面我们要来谈谈如何用个性让对方坠入爱河。

第七章　个　性

端正的面庞、迷人的姿态无疑就是一种智慧。但是,对方仍然不能被你吸引。为什么呢?所有的要素几乎都已经具备,还缺点什么呢?

像这样的事你一定碰到过吧?特别是在异性之间经常会遇到(如果你的嗜好不同,在同性之间也会遇见)。虽然不知道对方是什么样的人,但一定是因为你觉得对方是个完美的人才会约见。事实上对方也如你所想的那样,美貌与知性兼备,可是你却怎么都喜欢不起来。像这样的事,在商界中也经常发生。经过长期的调查和开发,在详细的市场战略指导下进行了大量的推广和促销,但最后这些产品和服务却无人问津。开发人员和商家相信这些产品和服务一定会成为市场的热门产品,因为这些产品和服务无论是从设计(形象)还是从功能(智慧)上来说,都近乎完美,但是最后却不受消费者的欢迎。谁都不知道问题到底出在哪里。

企业的个性,即企业的文化,是这个组织成功的最重要因素。企业文化是一家企业的精神，是它区别于其他企业成为杰出存在的价值观的集合。虽然那些致力于技术革新、生产高性能产品的企业很多，但是像苹果公司、ZARA及星巴克这样拥有企业文化的公司却很少。这三家公司之所以能够让顾客和员工对其产生情感，关键就在于文化。

前面的文章，我们首先分析了企业的形象如何影响企业，以及它给企业带来的正面或负面的结果。其次，了解了购买的决定与企业的智慧有着很大的关系。最后，让我们谈谈作为企业个性的企业文化。所谓企业的个性，反映了一家企业到底是一个怎样的企业，有着何种特征。

另外，个性像指纹一样蕴涵着遗传信息，因此，无法照搬某一家企业的文化。企业文化只有深入企业之中，亲身感受其价值观并将其纳入体内，才能体会到什么叫做个性。

但是，我们必须避免妄想能将这个只能自己感受的东西传达给别人。

通过分析性感的公司的典型，我们发现了这些企业文化的共通点。性感的公司将敏锐捕捉信息这一行动模式纳入到企业文化的价值观中。表现这一价值观的关键词就是朝气、谦虚、自信、热情和参与。

第一节 朝气——发展的秘密

社会对于朝气的认识，一般有以下几点：

• 朝气是年龄的特征，这一点毋庸置疑。

• 朝气不仅是在工作中，在休假或兴趣中，朝气也发挥着作用。

• 朝气通常不被重视，被认为与智慧无关。

在本书的第一部分中我曾经说过，商界是严肃的最后的要塞，在那一部分我们还提及了人生的认真态度。一个成人，特别是一个想获得成功的专业人员，绝对不会作出像年轻人那样的举动。遵守体制、基准、行动模式是专业人员和公司在商界取得成功的必由之路。

但德斯蒙德·莫里斯(Desmond Morris)曾经这样说过："对于动物学者来说，人类只是没有尾巴、脑子很大的猴子。令人感到惊奇的是，他们是如何变得如此繁荣的？这种能力与人类总是不断追求新的挑战息息相关。是人类的社会性与好奇心这两个重要因素，使得人们在年龄增大时仍然在人类进化的过程中保持着赤子态[1]。"

什么？原来我们这里所说的赤子特征之一的朝气，正是人类成为创造之王的一个原因！其实仔细想想也没什么好惊讶的，挑战规则的总是年轻人，如果从来没有人挑战规则的话，那

---

① 赤子态(Neoteny)，一个动物学的术语，指"成年所具有的幼年特征"，通常指常常和年轻联系在一起的美好品质的保持，如好奇，活泼有趣，热忱，无所畏惧，热情洋溢，精力充沛等。——译者注

如今的人类一定还生活在洞窟里忍受寒冷,只是一群灵长类动物。当然,不是说挑战规则只有年轻人才能做。让我们回想一下爱因斯坦在相机镜头前吐舌头的那张照片,那个时候他已经是一位老人了。也就是说,那些觉得自己老了的人就在继续变老,而那些不希望自己变老,并与之抗争的人,就不会变老。

关于"赤子态",莫里斯还这样说过:"孩子们所玩的游戏全部都含有革新、风险、钻研和创造性。"

这也正是多数企业希望获得的特征。但是,几乎所有的企业都会在这一点上犯错误。目前的现状是,所有的企业都希望获得革新、风险、钻研及创造性,但是却没有一家企业为获得这些特征而采取实际行动。它们在追求一些东西的时候,却不思考应该怎么做,它们只想花钱来解决问题。

要获得朝气,企业就必须创造出一个充满朝气的环境。客户都希望和一家富有朝气、充满活力、团结的公司合作。想想谷歌那色彩斑斓的标志和有些孩子气的名字吧!

希望大家记住,这种年轻人特有的品质,实际上与年龄无关。我认识很多 70 多岁的人,仍然与年轻人一样怀有梦想和激情。当然我也认识一些行为举止如退休老人一般的年轻人。

在公司里,朝气是会传染的。通常这种朝气表现在管理层的激情、好奇心和创造性上。如果公司的管理层能够将这种特征融入到组织当中,那么这种能量就会扩散到全体员工的身上。不要忘记,之前我所列举的苹果公司(1970 年创建)、星巴克(1971 年创建)、ZARA(1975 年创建)、维珍集团(1970 年创建)

等都是在20世纪70年代诞生的。

机构组织和人一样,如果希望老去(满足于现状)的话,就会渐渐老去。因此,如果您所在的企业是一家具有百年历史的企业的话,我首先恭喜您。但是最好不要老让顾客和员工想起这件事儿,要像史蒂夫·乔布斯所说的那样,“要继续保持饥饿状态,保持无知”。

性感的公司与朝气

我已经不再年轻,也不打算把自己打扮得年轻一些,因为保持活力与找回青春是两回事。并且,我为自己至今为止所积累的经验和知识感到骄傲。但是,如果认为变老就是失去自由与梦想的话,我一定会坚决地拒绝变老。因为自由和梦想是我的精髓,而且我非常注重将这一精髓表现在我的行动与态度之中。

为此,我得到了公司里专业人员以及那些因为我的热情接待而备受感染的顾客们的好评。你问我是怎么做到的?能够达到这种效果的方式有很多,那就让我来谈谈,我是怎么做的吧:

- 首先是要创造一个自由开放的,能够轻松谈话的环境。
- 要有责任感,但不一定非得那么严肃。
- 与自己一起工作的人充满活力是非常重要的。星巴克在招聘过程中,非常看重面试者给人的感觉及待人接物的能力。星巴克的员工会记下常客的名字。我身边的人，无论年龄大小都充满了年轻的活力。

• 对冒风险的人给予好评。当然，这里是指那些对风险的各个方面进行研究以后，再冒风险的人。一些公司在人事评定时，会对某些人所犯的错误给予正面的评价。因为这些人为了公司的发展想要改变一些东西。

• 有时候要能够自嘲。西班牙的惠普公司，会在圣诞节由员工为联欢会制作一部小电影。这部电影用轻快、幽默的风格描述当年在惠普公司发生的重要事件，这些玩笑能牵动上至经理下至刚进公司的大学毕业生的心，让全体员工都感到振奋。

• 如果认为自己的年纪大了，就改变一下思维方式。鼓励员工们开发新商品、进行新项目，就如同毫不犹豫地吞下伟哥一样。

• 最重要的是不要害怕变化。因为如果害怕变化的话，你和你的员工都会变老。

第二节 谦虚——隐藏欲望的行家

谦虚，是我的第二行动准则。但这不是为了让别人认为自己好的装腔作势。这是公司在制定任务时，不怎么会采纳的一个价值观。这恐怕是因为企业觉得，在激烈的市场竞争中，如果承认自己的和技术比不上其他公司的话，就会陷入被动局面。

但与此相反,也有人认为谦虚应该是企业文化和一个人个性中最基本的价值观之一。只有谦虚能够给我们学习和成长的空间,让我们远离自满,敦促我们进步。只要学会谦虚,我们就会发现还有很多事情应该做,还有许多东西需要学习。

我之前也曾过提到过,让那些成功的企业陷入危难的往往就是成功本身。成功产生光环,而这种光环犹如一只无法控制的猛兽,让你脱离实际。那些骄傲的人就如同爱虚荣的企业一样,其行为只是为了满足虚荣心。这样的人总是说:“我来到这个世界真的太好了,遇见我的人真的很幸运!”虽然我们尊敬那些充满自信的人,但是却蔑视其中某些自认为自己比别人强的人,就算我们认可他们的能力。阿曼西奥·奥尔特加也是这么说的。

“只有爱慕虚荣可以被称为缺点,如果没有虚荣的话,人类会变得更好。”凯文·罗伯茨(Kevin Roberts),盛世长城国际广告公司全球首席执行官在其著作——《挚爱品牌》一书中,对如何赢得客户的爱和尊敬、创造消费者喜欢的品牌进行了阐述。那些无礼和傲慢的品牌是不受欢迎的。或许如今仍然有许多傲慢无礼的品牌被大量消费,但这只是因为消费者们没有其他的选择。如果消费者有更好的选择的话,一定会弃之而去,再也不会购买这一品牌的产品的。如果要举个例子的话,那就是微软公司了。据 IT 安全的专家们说,每年都有数以万计的病毒被制造出来攻击 Windows 系统(不受欢迎的品牌),但是攻击苹果系统

(受欢迎的品牌)的病毒就很少。苹果公司一直把比尔·盖茨的微软公司视为竞争对手,制订市场战略计划。比如做广告时会放两个人物一个代表 W 的演员,其外表看上去长得很像比尔·盖茨,穿着单调的茶色西服;而另一个人代表 Mac 电脑,年轻、随和,看上去很开心也很酷。

谦虚与野心非常相似,甚至有时很难区分这两者。虽然野心被认为是一家企业的一般特征,但是谦虚却常常被认为太过于人性化而被丢弃。但是,只有谦虚才能使我们听取别人的建议,这是学习的基础。而只有不断地学习才能为企业的成功打下坚实的基础。

性感的公司与谦虚

下面我要说一说性感的公司与在其中工作的人们的共同点。我们并不认为,我们是在诱惑别人,因为不期望被诱惑的人就不会被诱惑。我们只知道谁都希望别人能喜欢自己。没错,也就是说,每个人都希望被诱惑。因此,我们的行为只是为了实现人们内心深处的愿望,同时也让我们自己感到满足。

- 我们要明白,自己的公司并没有比别的公司更加优秀。从有了这种想法的那一天起,我们就会停止为超越其他公司而作出努力。但是,如果你们公司过去就比其他公司优秀,只因为意识到自己的公司并不完美,想要给对方更好的东西的话,这就可以称作谦虚。

• 谦虚和其他个性一样是可以培养的(无论是个人还是集体)。可以通过模仿别人的行为而获得。只要看看公司管理层的行为举止,就可以推断出公司其他员工的工作态度。

• 谦虚就如同一个天平。如果成功就认为自己了不起的话,就会变得骄傲;如果失败就认为自己一无是处的话,就会变得消沉。普通人只有在适当的环境下才能发挥出非凡的才能。

• 要以团队优先。集体的优点可以抑制个人的傲慢,个人主义只能导致自私。希望我的公司可以给大家一个参考,因为所有员工在遇到问题时,都会优先考虑公司的利益。

• 在你的员工刚刚参加工作时,与其评价其行为结果,不如对其付出的努力和采用的方法进行评价。这样的话员工就不会把自己放在最先考虑的位置,而会优先考虑公司的价值观。因为只要员工融入企业的文化,下一个阶段就会追求结果。

• 要为客户着想。客户最终想要的是与重视客户的公司发生关系,要让全体员工都与客户产生关系。

第三节　自信——并非我们无能

如果说谦虚是通过我们与他人交往,促进自己成长的重要因素，那么自信就是通过我们与自己交往，让我们自我成长的力量。真正有实力的人物和组织，都同时拥有谦虚和自信这两个要素。当然不光是这么简单。

相信自己有能力，对于诱惑者来说是必备的首要条件。只要对自己有信心，就一定能想出解决问题的方法。只要拥有自信，我们就取得了第一场局部战争的胜利。只要拥有自信，就不会在困难面前屈服。如果把这种自信传递出去，别人就会认为你是一个不可或缺的人。

但是，没有什么特质比傲慢更加远离自信了。傲慢是想要变强的弱者的面具。有能力的人和组织是不需要这种面具的，需要这种面具的只有骗子。自信也和其他的个性一样，可以相互传染。只要在适当的条件下，它就可以成为企业全员都能够感受到的集体精神。回顾一下历史，我们能够找出很多具体的例子。

ZARA 在几年前曾经遇到了很大的挑战，公司必须重新审视过去的物流方式。简单地说，就是要重新审视每周两次向各个连锁店派送产品的系统。派送产品的尺寸、颜色等的选择权都交给各个店铺的负责人，然后发货由总部集中统一管理，并向工厂下达生产最需要的产品的指示。这种物流系统在地理上过于分散(ZARA 的分店遍及全世界 70 多个国家)，涉及设计、打板、公司工厂、外部工厂、产品质量、原料供给、配送、运输及出口等多个领域。要在同一个舞台上完成所有工作，不但时间紧迫、压力大，还必须有高度的协调性，当时在我们配送中心有两亿多件商品需要运出去。

这个位于西班牙加利西亚的企业,面对这样的挑战,就像其企业文化所要求的那样,没有借助外部的力量而是在公司内部立项,积极寻求解决方案。但是一段时间后,项目的负责人开始对交付给自己的任务感到苦恼,开始怀疑自己是否真的能完成任务。因此,他们向阿曼西奥·奥尔特加建议向物流业务的顶级顾问公司寻求帮助。事情的结果就和我前面叙述的一样,奥尔特加认为在面对问题时,只要对这个问题感兴趣,并且专心致志的话,无论什么问题、用什么方法,无论是早还是晚,无论成本是高还是低,任何问题都会解决。

因此,奥尔特加当然没有答应他们的要求。但是,这些负责人执拗地陈述了请顾问公司的必要性、这个项目的重要性,最后奥尔特加很不情愿地答应了他们的要求。后来,项目负责人迅速与精通物流领域的顾问公司进行联络,委托他们进行调查,希望找出问题的解决方案。顾问公司在进行完各项精密的调查以及分析后,与我们公司的项目负责人召开了一次会议。在这次会议上,顾问公司提交的报告指出,这个项目就像委托人当初所说的那样,不可能实现,并且建议变更发货的次数。奥尔特加知道这个结论后说:"你们看吧。那么,你们下周一必须提出解决方案。"

在各种压力下,物流部的负责人终于找到了解决这个棘手且复杂的问题的对策。最后,ZARA 建造的 44 万平方米的自动化巨大仓库,成为了世界许多企业的典范。

这个字典里没有“不可能”的公司，无论是品牌还是店铺都具有巨大的价值。它在竞争中处于优势地位，取得了很多的成功。很多在历史上取得丰功伟绩的人物，在制订计划的阶段也曾被人认为有勇无谋。

性感的公司与自信

人们经常会说：“因为人生终有结束的一天，因此我们的大多数目标都受到了限制。”

我本人也这么认为，因此，我们不能自己限制自己。每次我试着做某件事情的时候，我的脑子中从来没有“不可能”三个字，我会把所有能想到的方法都试着做一遍。就算试验不成功，我也不认为没有可能完成，我会另外换一种方法来继续试验。这并不仅仅是着手完成一个困难的项目，而是在不考虑是否能克服的情况下，与眼前的困难作斗争，努力取得胜利。

如果有人说自信不会传染，也不能算作人类在工作上的个性的话，请无视他。罗马士兵与西班牙步兵连的自信，曾经让他们的敌人大伤脑筋。那么，那种无论什么目标都可以达成的自信应该如何渗透到企业之中呢？或许有些不自量力，让我斗胆教大家几招：

- 不许说“不”，但是允许员工给出提案、解决方案和替代方案，并且要帮助他们找出解决方案。要有决断能力。
- 但是如果想要给员工树立信心，作决定时就必须非常慎重。慎重让人想到更高的目标,能够给员工传达目标一定能够完成的自信。

• 不听任何借口。一次认可了部下的借口,那就等于每次都随他找借口了。借口比其他任何因素更能让重要的项目失败。在性感的公司中,虽然全体员工都会积极地参与决定过程,但决定的实施,从某种意义上讲是“专制的”。虽然每个人都有提出意见的权利,但是一旦作出决定,任何人都没有权力废除。

• 找出胆小鬼。与优点一样,缺点也是会传染的。有人曾说过,悲观主义者是擅长获取情报的乐观主义者。如果真是这样的话,那么我们的组织中不需要这样的乐观主义者,必须把他从组织中除去。

• 要设立短期目标。忘记那些无法达成的长期战略计划。只有已经完成的挑战与每日取得的成功能够产生信赖感,而这种信赖是我们评价某人的标准之一。

第四节 激情——永不熄灭的火焰

“如果放弃的话,那就不叫做爱,坚持才是激情。”

激情就是专心致志、废寝忘食,是执著与热情的一种表现。虽然有些近似于妄想,但这却是一种能够将人指引向好的结果的心理状态。仅凭理性能够完成的事情非常有限,同样,仅凭激情能完成的事情也非常有限。但是当两者结合在一起的时候，任何项目都一定能获得期望的结果。

艺术界的天才们(比如毕加索、莫扎特、米开朗基罗等)都充满了激情，那些商界的天才们也同样如此，但是这种激情并不是为了赚钱。如果这些人仅仅为了赚钱的话，早就已经赚到很多钱，去享受悠闲自在的隐居生活了。我想起谷歌在创立之初的一句名言："不要让赚钱分心，我们要把精力集中在用户身上。"谷歌的激情与艺术家们一样，全部都投入到了自己的创作之中。不同的是艺术家们的作品是音乐和绘画，而谷歌的作品是事业。这份事业倾注了谷歌所有的能量。

我们被那些充满激情的人所吸引，希望待在他们的身边感受他们内心燃烧的火焰，那种近乎无限的难以抑制的能量。虽然有时这种能量有些过剩，但是这种能量可以感染他人，让人保持良好的精神状态。

欲望(我将在下一章详细阐述)与激情的区分，不能光靠感情的多少来判断，而是要看为了达到目标当事人作好了何等程度的献身的思想准备。并且越是有激情就越容易失去理性，这样是很危险的。

强大的欲望与激情能够感染周围的人，被感染的人又会将其传染给身边的亲朋好友。如果能够很好地控制激情并加以利用的话，公司就会发展得很好。适当的激情不仅能够改变公司，也能带来好的结果。

但是请注意，激情是一种易燃的危险品。无法抑制的欲望会打破平衡,错误地传染,并带来灾难。因此,商界中的天才们的周围都会聚集一批帮助他们弥补错误、保持平衡、防止他们因为激情而做出过激行为的人。如果阿曼西奥·奥尔特加的身边没有像卡斯德加诺(Castellano)这样的人的话,也就不会有成为国际经营模范的今天的ZARA了;如果谷歌的佩奇和布林的身边没有埃里克·施密特(Eric Schmidt)这样的人的话,他们可能就无法越过一个个企业成长过程中面临的危机。

所以在面试时,筛选人员对于一个企业来说非常重要。因为能力可以培养,动机可以促成,想象力可以刺激,但是让没什么激情的人具备激情是一件很难的事情。另外,人在日常生活中会热衷于自己有兴趣的事物(比如音乐、足球或者恋人等),因此让人致力于做自己本来就不感兴趣的事,是非常困难的。所以性感的公司在招聘人员时,都会找那种有激情的人。谷歌通常在校园、ZARA通常在零售店、星巴克通常在艺术学院招聘人才。性感的公司就是要诱惑那些燃烧着激情火焰的诱惑者,就算这些诱惑者的能力还没有被开发出来。这样,性感的公司也能够保持激情,并且将其运用到正确的地方。

事实上,激情就是性感的公司的特征之一,它是性感的公司与其他类型的企业、与登上最值得为其工作企业榜上的公司的不同之处。也就是说,如果失去了激情,性感的公司就与其他的公司没什么两样了。为什么这样说呢?因为拥有激情的企业与那些最值得为其工作的企业不同,它凭借自己的激情让全体成员投入到项目之中,不是为了满足自己,也不是为了提高员工和管理层的生活质量。

埃利亚斯·卡内提(Elias Canetti)在其著作《群众与权力》中是这样说的:“聚集在一起的个人,因为有着同样的激情而变成了群众。这种激情相互传染,是一种引导集体行为的感情。”

当你与他人有着同样的激情时,这就说明你把自己的私人空间拿出了一部分来与他人共享,这种力量聚集在一起,能将人们推向一个靠个人力量无法到达的高度。

这种激情会成为为达到共同目标而共同奋斗的引爆器,从而产生集体的情感。这将是一种永远持续下去的兴奋状态。

把罗马帝国和西班牙帝国推向顶点的就是激情,而导致它们陨落的是统治和习惯上的安逸。激情如同在体内熊熊燃烧的火焰,推动我们去往前人没有到达过的地方,让我们去挑战别人没有做过的事情,引诱并唆使那些相信虚无缥缈的故事的人去求证自己的想法。没错,只要有激情就能做到。或许你的人生并不比别人安逸,但是一定充满激情。

第五节 积极参与的价值

你有一个爱人,一个愿意和你共度一生的人。你们决定要在一起,并且两个人有着共同的目标,而且两人都认为,在一起的人生会比一个人更加精彩。假设你们之间存在一个问题,那就是你的伴侣总是一个人决定与两个人都有关系的事情。比如说在哪里吃什么料理，就连假期在哪里过都是他一个人说了算。不仅如此，他还从来都不听你的建议。如果今后继续交往，经过几年，你一点儿也不会觉得你们两人是在一起参与一个项目吧。你的内心倍感挫折，恐怕就算待在自己家里也会感觉不自在吧？

当然，这样的例子如今已经很少见了。在私人的生活里，我们按照自己的意志决定是否结婚。如果成为夫妻的话，大多都会听取对方的意见后再作决定。因为如今我们生活的社会，是一个不仅重视公众意见，同时也重视个人意见的社会。发表的新想法，并非只有一部分媒体知道，数以万计的人们都可以通过网络获取信息。

一方面，如果希望某人加入到项目中来，我们就应该让他参与。不仅要在项目实施时让他参加，在制订方案时也要让他参与进来。我们思考一下，人们什么时候会批评公司？答案很简单，当然是自己没有参加某个事项的决定时。因为，如果他参与了决定，就一定会觉得自己对这个决定负有一定的责任。

为了方便大家理解，下面我讲讲我在惠普公司时发生的一件事。惠普公司是一家美国跨国公司，其下面的子公司（我所在西班牙子公司就是其中之一）必须执行总公司的基本方针，并且要求我们每个员工都严格遵守。公司的一条佣金报酬制度总是受到全体销售员的批判。一部分销售人员（几乎都是单身，没有家庭负担）认为这个制度太过保守，而另一部分销售人员（已经结婚生子，有贷款，希望尽可能的有一份稳定的收入）则认为这个制度太过激进。

虽然我们不可能让所有人满意，但是在一次谈话中，有人提出了这样的意见。

“销售人员不可以自己选择佣金制度简直太过分了！要是我们有选择的权利的话，早就一心想着去销售了，哪里还会有时间来批评这个制度！”

听了这话，所有的人都沉默了一会儿，过了不久有人提出了一个问题。

“为什么我们不能自己选择呢？在支付金额不变的情况下，我们为什么不能建立一个新的制度，让我们可以根据自身的情况选择是采取保守的计划还是激进的计划呢？”

话音刚落，立刻就有人回答道：“因为我们公司是一个跨国企业的子公司，必须遵守总公司规定的报酬制度。”

对于这个回答的结论是：“如果这是唯一的问题的话，那我们不妨试着改变一下。”

从那一年开始，子公司的销售人员终于可以自由地选择适合自己情况的工资制度了。选择激进的报酬计划，如果超过规定的销售额，其奖金也会增多；如果没有完成销售额，由于固定工资低，其得到的总金额也会少。相反，选择保守计划的销售员会得到一份比选择激进计划的销售员高一些的固定工资，但是如果超额完成目标，其超额部分的奖金没有激进计划的员工拿的多。这次改革的结果如何呢？销售人员们不再抱怨，因为无论会如何都是他们自己的选择。即使有人会感觉如果选另一个计划就好了，但是主意是自己拿的也不好多加抱怨。从此，公司的销售额总能大幅度地提升。

那美国总部那边怎么样呢？本来西班牙子公司已决定不向总部汇报这件事。但是几年过后，总公司察觉到该子公司有自己的一套佣金制度，于是，立刻派了几名人员到这个不听话，但是效益却很好的子公司进行调查。你一定认为这个制度被废除了吧？然而事情正好相反。事实上，被派来这里的总部人员高度评价了公司员工参与决策的重要性。现在，西班牙子公司的这一套佣金制度已经在世界各地的几十家子公司推广开来。有时候在公司里，“事后道歉或许比事前请求许可更好”。

很多公司认为要防止员工跳槽就必须给很高的工资，但是这种方式会让员工安于现状，不愿意冒险，随大流，只会老老实实地执行命令。

然而，很多企业和组织仍然不会听取客户和员工的意见。他们认为公司智慧应该掌握在少数人的手中，他们不理会客户的建议，而是继续按自己的方式销售产品。而这一小部分人为了让公司外表看上去好看，让外部企业去调查组织内部人员、销售服务人员的意见。大家觉得这种做法，同在外面寻找顾问让自己的配偶写问卷调查，有什么区别？这样的婚姻还有救吗？

我并不是说公司必须采取完全民主的做法，因为有时为了提高企业的竞争力，需要尽快拿出方案，这时就不得不选择那些与民主不相容的、名声不佳的方法了。但是，当我们分析那些改变传统规则，获得巨大成功的企业时，我们发现这些企业都可以被称做参与型企业。这样的企业，能够让全体员工都参与到企业的活动中，并发表自己的意见，这样确保了企业拥有强大的力量。

另一方面，我们要避免想要参与项目的欲望以其他的形式表现出来。自己的意见不被认可的时候，人们会怎么做呢？大多数情况下会通过流言和批评来表达，这会对公司的气氛带来很大的负面影响。

诱惑是两个人一起参与，其中一个人积极主动的游戏。如果有一方没有参加，那么这种关系很快就会结束，不会开花结果。因为如果不参加的话，心思就不会放在这件事上。因此，可以说共享也是性感公司的一个特征。

第三部分

性感公司的另一面

第八章　欲　望

现在是我们行动起来的时候了。接受自己、接近对自己重要的人物、变成理想中的自己的时刻到来了！现在就是诱惑的时刻，这是性感公司的时代。

诱惑表现的并非只是一种行为。即便客户购买了我们提供的商品或服务，也不能称之为胜利。这只能算作今后长期相互满足需求、产生信赖关系的开始。招募到合适的人，让他愿意在这里工作，也只能算是与他建立起长期恋爱关系的开始。这种关系与其他人际关系一样，需要经历各种各样的阶段。欲望的产生迎来诱惑的时刻（性感的公司会把这些技巧教给我们）。但是，无论是对于公司还是个人，最大的难题是如何维持激情。

第一节 欲望的萌芽

“如果你真想得到某物,宇宙就会站在你这边。”保罗·科埃略曾这么说过。

我想要你。是的,就是正在读这本书的你。我长期以来一直都想着你的事。每到夜晚闭上眼睛,你仍然在那里,在我的心里。只要一想起你,我就心情荡漾。只要一想到或许你也喜欢我,我就抑制不住地兴奋。我不在乎你的性别、国籍、年龄或者发型。我写这本书只是为了你。我只是希望你能开心,希望和你交往。为了不让你感到失望,我一直在努力。如果我让你感到失望的话,我想我一定会彻夜难眠,责备自己为什么不能做得更好。

欲望,或许是人类所拥有的最强大的动力。因为欲望,某个军队能够牵着大象翻过阿尔卑斯山脉;因为欲望,人们统治帝国,推动科学发展,创造艺术和企业的奇迹,创造新的体育纪录,着手想要征服宇宙。

欲望并不是诱因。因为诱因是外部因素,要被你认可以后才能促使你行动。而欲望是内部因素,是存在于你体内的火焰,是指引你达成愿望、燃烧自己的燃料。有时候,我们会因为受到环境、自身条件、所受的教育或者想法的限制,而给自己踩刹车。但幸运的是,这个世界是公平的,作为补偿,我们拥有源源不断的动机与能量,那就是欲望。

擅长诱惑的人的欲望,强烈而持久。历史上那些真实存在的领袖们(从基督耶稣到马丁·路德·金)同样具备这些特质。但是,我希望大家注意,几乎所有人物的衰退与文明的崩塌都与欲望开始减退相关。这时,比起想要获得更多的东西来说,他们更害怕失去。

性感公司的燃料就是欲望。为什么这样说呢?因为性感的背后隐藏着对喜悦的期待,是内心的欲望在引诱我们去实现这些喜悦。通常人们都会用“还想要”或者“想要变得更好”等话语来表达这种欲望,这是人们共通的能量。那些大公司的管理层们,在察觉组织内部的欲望有所下降时,就会改变最初的目标,开拓一些投机业务。当初微软为了对抗谷歌而收购雅虎的事件就是最好的例子。因此,性感公司的管理层们必须守护欲望的火焰,这项工作不能交给其他人。因为一旦交给他人,这种欲望就会转变为安逸,而安逸就是激情的坟墓。因此,那些伟大的领袖们发现自己失去了激情后就功成身退的做法是非常明智的。一定要让能够代替自己去维持欲望火焰的人接班。

第二节 成功扼杀了欲望

过去在球赛中从来没有输过一场比赛的球队,有一天突然开始输球,谁也不知道发生了什么事情,因为球员和教练都没有更换过;那些创作出优秀作品的画家和作家们,突然有一天失去了所有的灵感,再也没能创作出好的作品来;一些曾经名扬世界的企业突然销声匿迹。不用我说,恐怕大家心里立刻就能想起一些人和公司的名字来吧。

毋庸置疑,失败会抑制欲望。因为失败会让人和组织失去信心。过去做的事如果不顺利,就慢慢地不再尝试。但是,成功也可能会给企业带来很大的损失。人在饥饿的时候,为了食物可以走上几公里。而吃饱的人,就不会为了食物而努力。

成功会让人迷醉,沉溺于那种自己天下无敌、被幸运女神庇护的感觉之中。在作出决定时,会逐渐变得不那么深思熟虑,轻视背负的巨大风险。成功会让人轻视曾经引导自己走向成功的最基本的价值观,花费会越来越多(因为自以为收入今后也会稳步增加)。最令人感到遗憾的是,成功会认人失去自我献身的精神。大家知道"父亲是面包房老板,儿子是有钱人,孙子是要饭的"这句话吗?不要忘记了,只要我们开始思考喜悦,就会负有相应的义务,因此才能够感受到喜悦。

因为明白这个道理,所以性感的公司知道,过于安逸迟早会招致灭亡。和人类一样,公司的首要目标就是生存下去。因此,在一些原则问题上我们必须严格坚守。

我在 ZARA 工作的 6 年,正好是公司进军国外市场(国外市场从 20 个国家增加到了 60 多个国家)、扩大业务(新增加了 3 个连锁)、交易量飞速提升(销售额增加了 1 倍)的时候,店面数量也从不足 1 000 家增加到了 3 000 多家。

另一方面,ZARA 正式挂牌上市,阿曼西奥 · 奥尔特加也被《福布斯》杂志列为富豪榜的第 8 位。Inditex 集团从一个名不见经传的企业变成了被世界称赞的企业之一。结果非常令人满意,很值得被称赞。但是,你猜我们举办了几场庆祝仪式?你能想象吗?事实上,正式的我们一次也没有举办过!我们只在每天晚上工作完回家后,在各自的家里庆祝自己有幸参与这充满激情的项目。

性感公司的成功并不是达成目标,而是如何修建一条通往目标的道路。也就是说,不是为了到达山顶,而是享受每天登山的乐趣。

第三节 欲望与共同的人生计划

英国哲学家,20世纪最重要的思想家之一——伯特兰·罗素说,在结婚那一刻就结成的夫妻关系是不完整的,或多或少需要通过设定一个适合自己的目标来提升动力(比如说每年都希望获得冠军的球队、希望让全人类都改信基督教的基督教徒、希望打破收视率的电视台等),否则结婚就是二进制,也就是说两人的关系要么是结婚,要么是不结婚。罗素认为两个人结婚后,就会失去目标,因此西方国家的离婚率才会高达50%。

商界也同样如此。没有了共同的人生计划,就没有了战斗的动力、谅解的动力(谁都会犯错误)、苦恼的动力(当发生不好的事情时)、想要幸福的动力(比如举办一场让所有人都可以参加的、令人感到愉快的活动)。

我做人力资源工作已经有二十多年了。在这二十多年里我分析并实践了各种提高人们动力的技巧,以及让员工感到满意的技巧(公司福利待遇、教育培训、业绩评定、让员工能兼顾工作和家庭的方案、个人专业技术的提升等)。最后得出的结论是,最简单的东西是最重要的。比起好的工资待遇、受到尊敬,他们更希望能够参与让自己着迷的项目,希望得到信任,其他的东西都只是附属品。

比方说,现在能够让个人生活与工作都兼顾的方案很热门。为了不让大家误解,我要明确解释一下。我的意思是,我相信在一定的时间内完成艰难的工作是可能的。因此我认为持续做一些没有意义的工作并不好,也不希望用工作时间的长短来评价一份工作,而不是用工作的质量。而且,那些损害大多数人利益的与生产力无关的系统也没有保留下来的必要(比如说给三个小时的吃饭时间),还有只让那些没有结婚的员工加班也是不好的现象。

但是当我们冷静地分析数据后,就会发现在劳动时间短、压力比较小的工作环境中(我国的公务员和法国劳动者每周的工作时间为35小时)工作的专业人员,对于工作的抱怨最大。这种不满还表现在出勤率和自杀率上。

从我个人的情况来说,在我的职业生涯中最有干劲、工作最卖力的时候也是我压力最大的时期。虽然劳动时间很长,但是我很开心。

合理的报酬(让人不会分心)、相互尊重的环境(让人感觉舒服)与刺激的项目,是共同的人生计划中最基本的三点。

第四节　欲望与报酬

如果欲望是燃料的话,那报酬就是加油站。我前面已经说过，让员工维持干劲的三要素是很简单的，即合理的报酬、相互尊重的环境、刺激的项目。就如同如果注重夫妻关系中的一些基本问题的话，两人的关系就会更加密切，还可以避免一些不必要的冲突。

性感的公司在报酬问题上很宽容，因为对别人宽容了，别人也会对自己宽容，这很公平。要向对方索取的话，首先得付出。先大方地微笑付出，然后才能向对方索取，因为这个时候你才有理由向对方索取。当我们再次审视《财富》杂志上刊登的最值得为其工作的企业排名时，会发现这些都是适合 IT 工程师、金融专家、律师以及化工专家的企业。而他们正是这个时代新一代的精英，是有知识有文化的劳动者。其中大学生占少数的企业只有一家，在前 10 名中排名第 7。如果问大学毕业生与其他员工有什么区别的话，那就是通常大学生的工资比较高。然而尽管星巴克的员工都是兼职，但是他们的报酬要比餐饮界的平均工资高得多，其中还包含了加入“401(k)计划”①的费用。而美国的法律只保证员工的养老金。

在谷歌，99%的员工都有参与公司股票购买计划的权利。

---

① 401(k)计划也称 401(k)条款，始于 20 世纪 80 年代初，是一种由雇员、雇主共同缴费建立起来的完全基金式的非强制性养老保险制度。在该计划中，企业为员工设立专门的 401(k)账户，员工每月从其工资中拿出一定比例的资金存入养老金账户，企业也按一定比例存入相应的资金(不能超过员工存入的数额)。同时企业向员工提供三到四种不同证券组合的投资计划，员工任选一种进行投资。员工退休时，可选择一次性领取、分期领取和转为存款等方式。——译者注

Inditex 集团在 2001 年上市之初,集团内部的所有成员无论职位、国籍,按照工龄,一年工龄可以分得 50 股公司的股票。当年的 50 股相当于今天的 2 000 股。而苹果公司则被认为是硅谷的企业中,报酬最优厚的公司。

那些统领性感公司的管理者们都知道,给员工支付高薪水是一项很不错的投资。让我们想象两种情况。一种是,那些只愿意支付市场平均薪水水平的公司,从结果上来说只能雇到平凡的人。如果企业对员工有更高水平的要求(紧迫感和献身精神等)的话,那这些员工一定会毫不犹豫地跳槽到其他工资待遇差不多,对自己要求又不是很高的公司去。另种情况是,据一家性感的公司的管理者说:"如果我们付的薪酬与其他公司同样的话,那我们对员工的要求也只能和其他公司一样。如果我们比其他公司多开出 20%的报酬的话,我们对员工的要求就可以提高 50%。因为即使必须做更多的工作,人们也更希望得到更多的报酬。"

另外,事实上,没有人对自己的薪酬感到满意。据最近的一个问卷调查显示,劳动者认为把现在的平均工资水平提高 25%是理所应当的。但是如果支付合理的报酬(等于或超过平均工资水平),劳动者们担心的事情就会减少很多,就能更加专心工作吗? 就不会抱怨和跳槽了吗?

人们在自己是否得到了合理待遇的问题上非常敏感。因此,对于这个问题,性感的公司也很敏感。客户如果感觉自己得到了很好的服务,就不会讨厌付钱。同样,如果员工认为自己的报酬合理，也就会尽可能地努力工作。接下来重要的就是语言，但是如果语言没有实际的东西做后盾的话，也没有多大的用处。

第五节 欲望会传染

20 世纪 60 年代初，美国的肯尼迪总统发表了要让人类登上月球的构想。但他发表这一构想的理由并不是因为科技的发展，隐藏在这个构想背后的是，想要取得冷战优势地位的野心和美国要取得世界霸主的地位。事实上，自美国登月成功以后的 30 多年里没有人类能再次登上月球。

无论肯尼迪的理由是什么，总之人类登月的构想成功了。因为这个构想，大家朝着一个目标前进，这个构想驱动了一个复杂的国家。为了实现这一构想，美国付出了很大的努力，当时美国国内生产总值的 15％都花在了宇宙事业上。1969 年人类成功地登上了月球，但遗憾的是肯尼迪在 1963 年就遇刺身亡了。

让欲望这种"病菌"传播出去，是统领性感公司的管理人员们的基本使命，但是因为这种使命与理想不断地被重复着，因此没有必要一定要落实在文字上。我的父母也没有把这种使命和理想写在纸上，但他们幸福地一起生活了 55 年。

第六节 欲望的控制

欲望的对象绝对不是金钱，因为金钱太过于庸俗，不可能带来灵感。对于我们来说,人生当中重要的不是金钱,而是那些用金钱买不到的真正重要的东西,比如说健康和爱等。因此,在公司里用达成销售目标和市场占有率来提高我们欲望的做法,意味把我们当成了雇佣兵。这种做法是不行的。

欲望的对象,也就是我们真正的目标是绝对无法达成的,但是我们会尽全力去争取。请大家仔细地想一想,地球上那些真实存在的伟大的梦想家们,比如马丁·路德·金、甘地、爱因斯坦等,他们的梦想也没有完全实现。可以说他们的雄心妨碍了梦想的实现。但是,他们为人类的进步打下了基础。20 世纪 80 年代,史蒂夫·乔布斯以那句商业史上的经典名言把当时在百事可乐担任 CEO(首席执行官)的约翰·斯卡利(John Sculley)挖到了自己的公司。这句名言是这样说的:"你是继续像这样卖一辈子的糖水呢,还是想抓住改变世界的机会?"其实,欲望的对立面不是缺乏欲望,而是满足。因为"什么都没有"的反义词并不是"有点什么"。因此,不要被最终目标束缚得太紧,因为如果被束缚得太紧,那最终目标达成之日就会成为没有目标之时。

可以说对于欲望的控制,是企业领导层最大的挑战之一。这就像建一座胡萝卜加工厂一样。管理人员在员工的面前挂一根厂里生产的胡萝卜,让他们看着这根胡萝卜努力地工作,并努力地去寻找适合修建胡萝卜加工厂的地点。

第七节 裸体的公司

所有的事物都和神一样是裸体的，而努力想穿上衣服的是我们。

——玛格丽特·尤瑟纳尔[①]

没有比肌肤之亲更令人感到愉快的事情了，激烈的战斗中不需要穿上碍事的衣服。你们之间没有隔阂，能感受真正的亲密无间与融合。有时，你还会感觉到追求同一种东西时，两种精神的交汇。

性感的公司希望与重要的人接触时“坦诚相见”，因为它认为那些没有必要的东西很碍事。性感的公司在和对方接触时会卖弄风情，丝毫不会感到害羞，因为没什么需要隐藏的东西。因此，你的公司最好也尽可能地保持裸体，脱掉那些没有必要的衣服。对于公司来说，那些没有必要的衣服，会转移员工的注意力，反而容易忽略那些真正必需的遮羞布。而那些真正必需的遮羞布应该也并没有那么多。也就是说，公司应该回归到最本质的、最基本的状态。如果你“坦诚相见”的话，与你有关系的

① 玛格丽特·尤瑟纳尔，原名玛格丽特·德·凯扬古尔(Marguerite Cleenewerck de Crayencour，1903—1987)，20世纪法国女作家。她16岁以长诗《幻想的乐园》在文坛崭露头角，一生创作有大量诗歌、剧本、长篇小说、散文和论文。——译者注

人，比如客户和员工也会赤诚以对，那么，他们与公司的隔阂就会消失了。

大家看看谷歌吧，它几乎就是完全赤裸的。谷歌刚刚进入市场时，当时市场上已经有 Altavista① 与雅虎等大公司的搜索引擎，他们从新闻到占星已经具备了很多功能，并且利用这些功能引起客户的兴趣从而获得广告收入。但是，谷歌在一开始就不打算和这些公司走同样的路线。它一开始就考虑最大限度地把搜索引擎"裸露"在用户的面前：全白的背景，彩色的 Logo，简单明了的关键词输入框。肌肤的接触，对于用户来说才是真正重要的。也就是说，谷歌把检索功能单独提炼了出来提供给用户，把那些会转移注意力的东西都剔除掉。

创新与美是苹果公司开发产品的两大原动力。苹果公司的品牌形象给人的感觉就是简单和干净利落，没有纷繁复杂的装饰。

几年前，一位企业家创建了自己的企业，现在企业正面临成长中的一个问题——"我们得到的信息、积攒的经验教训、受到的教育、准备的资源越多，反而越不知道该做什么、该怎么做"。恐怕大家都知道，企业随着成长，也会变得越来越复杂，这是不可避免的问题。逐渐增多的衣服会把穿衣服的人裹得紧紧的，甚至让人感到窒息。看看行政工作就能知道，组织要多复杂就

---

① Altavista 是全球最知名的网上搜寻引擎公司之一，它同时提供搜寻引擎后台技术支持等相关产品。

有多复杂。性感的公司对此非常清楚，因此在树立价值观时就保持裸体，除了必要的功能以外，尽量避免装饰性的东西，让自己的肌肤能够一直与现实相接触。

ZARA 公司不存在管理经营战略的部门，也没有市场部。在解决一个问题的时候，如果有两种解决方案，ZARA 一定会选择那个更为简单的方法。ZARA 会与客户坦诚相见，在他们有愿望的时候，专心致力于给他们提供想要的东西，并且在此基础上与客户建立深厚的感情。

所谓性感的公司就是没有多余的装饰，不在身上穿上不必要的衣服的公司。让我们一起追求性感吧。

第八节 性感的公司与欲望

在此之前我已经讲了很多关于我的事。比如我是谁，我在做什么。但是，我对你非常感兴趣。我想知道你是谁、都做些什么、是什么让你彻夜难眠、什么让你浮想联翩、你喜欢什么不喜欢什么、你想要什么等。作为性感的公司，我希望我们的欲望能够共存，并且在任何一个时期都是如此。我希望在过去我比其他企业更能满足您的需要，能给您您现在想要的东西，在未来给您您将来想要的。

- 为了创造出充满欲望的环境，就要知道周围的人最想要什么。建议对方与我们一起取得想要的东西，并一点一点提供给对方。

• 另外诱惑能干的诱惑者,雇佣能发现共同梦想的优秀领导者。这些人必须能够让员工和客户的期待膨胀。

• 在经济回报、自我发展以及职业生涯上,让个人的欲望与公司的欲望更加和谐。

• 把自己野心勃勃的目标分成几个短的时间段来实施。这个目标必须是为了做成某事,而绝对不是维持过去已经达成的目标。因为,一旦人们的希望从想要得到更多的东西变成想要守住已经拥有的东西的时候,人们将会失去所有的东西。

• 在某一目标达成后,把时间浪费在庆祝之前请先设定好下一个目标,一个比前一个目标更加野心勃勃的目标。用一种更加能够给人灵感的做法来决定新目标。

• 欲望像神经网络一样活动。如果组织的某一个部分遭受打击(比如失去欲望),那么一定要在问题扩大之前找到其所在。

另外,请记住,当我们可以随时得到想要的东西时,就不应该在上面浪费我们的时间和金钱。因为,只有欲望才是成功的原动力。要不要拥有这个原动力,决定权在你。这不需要花钱,只看你是否选择。

第九章　诱　惑

这个时刻终于到来。改善形象、培养智慧、强化个性、刺激欲望——当我们作好这些准备以后，就该出门去寻找恋爱的对象了。客户和员工们也在等待我们的出现。但是我们不能自以为是地以为，自己可以得到那些不期望得到我们的人的心、触及他们的肌肤。每个人都想要被诱惑、输给诱惑，然后获得奔向喜悦的提案。可是，就算每个人都想要被诱惑(比如希望获得某种商品和服务，希望参加某个项目等)，但也并不是说任何时候都是好的，因为人们只想要被那些具有诱惑资质的人诱惑。

即使具备了必要的诱惑资质，最好还要先看一下性感的公司经常使用的诱惑技巧。我并不想把这本书写成一本自助手册，写满大家必须严格遵守的各种行为规范。也许书中写的诱惑技巧对于有些公司来说有效，对于其他一些却并没有效果。因为在现实社会中，每个公司使用的诱惑技巧不尽相同。令人感到有意思的是，虽然每个公司的历史和业务内容不同，但是在很多情况下，它们的方法论是一致的。不管怎么说，当我们在进行战略部署时,这些技巧可以给我们带来灵感,非常有意思。如果你也想加入性感的公司的行列,那就请参考一下后面的内容吧。

第一节　看着对方的眼睛

我们初次与他人见面时,当然不会一开始就信任对方。因为,人脑有一套自我保护的防护体系,只有感觉威胁排除了的情况下,才会取消防卫。这种感觉有助于人与人、人与组织之间建立联系。总之,在不了解对方的情况、不知道对方真正的意图时,是不可能完全相信对方的。

品牌最初也是一样的。企业希望在积攒经验时,提高企业的认知度,获得消费者的信任,培育出自己的品牌。因为消费者会对那些耳熟能详的品牌卸下防备。

我们的目的是接触到人们的内心深处,因此在一开始就获得对方的信任是我们的使命,不信任是距离性感最为遥远的感情。为了在一开始就和对方建立起必要的信任感,我们要遵从一些心理学的建议。在心理学上,要到达对方的心里,最有效的方法是看着对方的眼睛,保持温暖的微笑。丹尼尔·戈尔曼(Daniel Goleman)在其《情商》一书中是这样说的:

> 当你直视对方的时候,就拉近了和对方的关系。为什么这样说呢?因为当你直视对方的时候,双方眼窝前额皮

质就会建立起某种联系……眼窝前额皮质可以通过他人的表情和声调检测出对方的感情，是我们感知他人情感不可缺少的神经元。

让我们想象一下，如果把这一方法运用到公司里会怎么样呢？公司如何才能直视员工、股东和客户的眼睛呢？

- 通过与外部交流相关的方针。
- 通过品牌和外部形象。
- 通过与社会的关系，其中包含了公司的社会责任。

通过以上做法来直视对方，性感公司的视线会让人感觉坦率而真诚、温暖又容易亲近。如今这个时代，我们已经不满足与相关的企业维持单纯的供需关系了。主要的道德规范（我一直很重视人权与环境、遵纪守法、集体荣誉等价值观）与公司的评价有很大的关系，因此，那些不太有道德的组织也许会被商界驱逐。大家还记得安达信会计师事务所[①]的例子吗？虽然它曾经在各个方面成为业界的典范，但是由于违反了规则，很快就从这个世界上消失了。

因此，性感的公司在严格遵守伦理和道德义务的同时，必须

① 安达信会计师事务所（Arthur Andersen），成立于1913年，曾经是全球最大的会计师事务所，2002年因安然事件被迫退出审计业务。——译者注

迅速而诚实地处理因自己的行为而导致的结果。下面我来举一个例子。2005年,中国政府要求谷歌对其网络搜索的内容进行审查。面对这样的要求谷歌陷入两难的境地,到底是坚持自己的公司方针,让用户能够自由地搜索到所有的信息呢,还是退出这个拥有十几亿人口、世界上最大的市场呢?对于这个问题,公司内部展开了长达数周的研究和讨论,最后决定同意中国政府的要求。但是,谷歌的这一决定遭到了大多数人的批评。①

最令人感到惊讶的是,谷歌明知自己的这一决定会败坏自己的名声,但仍然通过新闻发布会发表自己决定接受中国政府的要求的决定,而不是采取回避的态度。在新闻发布会上,谷歌的创始人直视着数百万谷歌迷的眼睛,表明了自己的决定及原因。

第二节　保持宽容

给予是一种爱的行为,那些主动先给予的行为,同时代表了一种智慧,想要索取就必须先付出。这种付出对于诱惑行为是有利的,它能够使双方产生感情,让自己取得主动。就像我在“欲望与报酬”中所说的那样,性感的公司对员工是宽容的,对客户也同样宽容。让我们来回想一下谷歌的服务,用户可以完全

① 本书原书版出版于2008年,而根据最新进展,谷歌已于2010年退出中国内地市场,并将搜索服务由中国内地移转至中国香港。——编者注

免费地使用谷歌的服务。虽然在谷歌决定上市时,很多人都反对继续为用户提供完全免费服务的方针。而 ZARA 则是无差别地执行“只要不满意就可退货”的方针。

西班牙星巴克的代表顾问——阿鲁巴洛·萨拉弗兰卡曾经跟我说过一个我非常喜欢并且很有意义的故事。塞维利亚一家星巴克的一位常客因为怀孕生产住院,因此好几天都没有去店里喝咖啡,而这位女士以前几乎每天都要到店里来喝上一杯摩卡奇诺咖啡。当听到这位女士住院的消息后,店里的服务员自发决定每天轮流为这位女士送一杯她喜欢的摩卡奇诺。

或许一些讽刺者认为这不叫宽容,他们认为像这样的情况,公司迟早会把这些“礼物”的费用从客户那儿收回来。或许他们说的是事实,但几乎没有企业会在事后向客户收费的。也许企业会采取一些成本管理措施,来防止给收益带来不好的影响,当然前提是不超出经费预算。这件事让我认识到,比起经费管理,性感的公司这种以与客户、员工的感情为基础产生出的健康收益,才是最好的结果。

可以说,宽容也是性感公司的一种智慧,即便宽容的成本比较高。就拿 ZARA 来举例,虽然从基本的物流和操作性来看,ZARA 的退货方针成本很高,但是另一方面,由于这个方针,我们销售出了更多的商品。顾客根本不用考虑在购买商品后,不太喜欢的话该怎么办,他们只要专心于购买商品就好。而谷歌完全免费服务的方针,也获得了两个很好的效果,从而取得了惊人的发展。其一,如果谷歌收费的话,恐怕就不会得到用户对自己商品的感情了。其二,通过用户的批评以及新版测试,谷歌在信息技术开发方面得到了数以千计的合作者的无偿帮助。所以谷歌才能瞬间在用户尖锐的批评声中快速地加以改善。

是的,或许企业宽容的最终目的是为了获得较高的收益,但是,当别人送鲜花或者精美的礼物给你时,说不定他脑海中正想像着他的最终目的——两人在床上的美丽画面。道理其实是一样的,但又有谁会为这种事审查我们呢?

第三节　保持神秘感

谁想和那些平凡的、行为能够被预测出来的人保持关系?事实上,我们都会被神秘感刺激。隐含的东西会给予我们想象的空间,让我们忍不住想一探究竟。我们为这种直观的感觉着迷,被未知的东西吸引。

企业也是同样的。我们认为那些具有神秘气质的人们充满了魅力。我们对那些拥有爆料或者有秘密想告诉朋友的人感到很惊奇,像孩子一样钦佩他们。这并不算什么新鲜事,因为人类就是一种充满好奇心的动物。但是,一旦我们了解了那些曾经关注的事情后,就会立刻失去兴趣。

苹果公司被认为是这个世界上创新生产的最高级别的工厂之一,因此,在开发新产品的时候它当然会极力地防止情报外泄。但是苹果公司即使只是推出一个小小的创新,比如说只是把 iPod nano 的尺寸改小一些,都要制造出那种仿佛是要生产出改变世界的新药一样的气氛来。一方面,许多博客都在推测苹果公司下一次会推出什么样的产品;另一方面,苹果公司在公布新产品的时候才慢慢揭开神秘的面纱。史蒂夫·乔布斯这个时候就像大卫·科波菲尔一样,在众多的记者面前玩起魔术来。

而 ZARA 公司从董事长到全公司都有一种神秘的气氛。1999 年以前,阿曼西奥·奥尔特加从来没有向外公布过一张照片,也从来没有接受过媒体的采访。除了 Inditex 的事务所,奥尔特加从来没有出现在公众的视野之中,他甚至没有出席 2002 年国王亲自颁发特别贡献奖的典礼。毫无疑问,ZARA 受益于这种神秘的形象。这种神秘的形象,使得 ZARA 远离了那种价格便宜的服装品牌的形象,相反,给人一种潇洒、优雅的印象。另外,ZARA 为什么不打广告的问题,也经常成为各方分析的对象。由此,公司的传说不胫而走,而阿曼西奥·奥尔特加则在背后露出了微笑。

说到这里,想必大家都明白了。我们首先要试着超越别人的预想与平常的知识。如果能创造出神秘的气氛,就能酝酿出自己的魅力。不要让别人完全了解你,要把现实包裹在一层让人想入非非的透明的面纱之下,绝不能把这层面纱揭开。要与所有的人保持一定的距离,可以稍许模糊不清,因为神秘感是给人惊讶的宝库,是唤起人们情感的最好方法。

当我们完全被别人看穿,我们的行为完全能够被预测时,我们也就失去了价值。我们绝不想要这样的结果。

第四节　保持紧张感

激情与官能最大的敌人就是无聊。我们期望与对方在一起的时候，能够维持激情的火焰，逃离没有刺激、单调无聊的地方。我们希望能强烈地感受到这种关系，并深陷其中，体验由此给我们带来的震动。

看看现在的电视剧，充满了快速展开的故事情节、直接的刺激、轻快的台词。在这些刺激的炮轰之下，只有那些最为激烈的东西才能引起我们的注意。我们生活在一个感觉、信息与刺激蜂拥而至的时代，因此想要在激烈的竞争中存活下来，就必须制造出一个拥有紧张感的环境。

另一方面，人类也非常喜欢接受挑战。之前我已经说过，要吸引员工，除了不输于其他公司的报酬之外，还要给予尊重、提供具有挑战性的项目，而为了提供具有挑战性的项目，就必须有一个给人紧张感的工作环境。可以说这样的环境是一个要求很多的环境，因为具有挑战性的项目也是个非常复杂的东西。

那么怎样才能制造一个具有紧张感的工作环境呢？虽然各个公司都有自己独特的做法，但是他们的做法都有着相通之处：以行动来带头实施，制定有野心的目标（付给适当的报酬）、充实的课题、持续挑战的公司文化以及公司内部竞争。

ZARA 每周一都会开一次例会，确定本周的主题。会议的时间不长，严肃而不失活泼，让人有紧张感。会议上决定的事项会在接下来的几天里实施。这就像球队的教练在打比赛时对队员提出要像平时训练那样踢球一样,ZARA 的紧张感在周一的会议上拉开帷幕,一直持续到周末。

在研究 ZARA、苹果公司以及谷歌这样的企业时,你会发现,促使企业努力发展、得出好结果的压力不仅仅来自于上司的高标准、严要求,这种压力基本上都是员工们自发产生的。道理很简单,一个组织结构过于纷繁复杂的大型机构,位于顶端的人本来就很少,仅靠这些人产生的压力是无法驱动一个庞大的机构的。因此,最好能够制定出一个能使同事之间相互给予压力的体制。ZARA 内部不存在正式的人事评价制度,因为公司里的每个人都有评价同事、上司以及部下的权利,每天都可以。而且,每个人都知道自己在评价他人的同时,他人也在评价自己,并且必须接受批评。

还有,如果要提供具有挑战性的项目,就必须有一个刺激公司内部竞争的环境。这个道理非常简单。与不相识的人竞争(比如说与对手公司的同行竞争)不如与周围的人(同事等)竞争更能提升动力,而且能够得到更好的结果。Inditex 集团基于这一思想,在集团内部设立了有竞争关系的公司。比如 Bershka、Stradivarius 和 Pull and Bear 这几个品牌就在争夺年轻消费者的市场。虽然建立不同的品牌,在某种意义上可以分散失败的风险,但是,用阿曼西奥·奥尔特加的话来说就是:"公司内的竞争并不是为了争夺相互的阵地,而是为了争夺其他公司的阵地。"事实上,ZARA 的发展也证明了这一观点。

在谷歌，一个新开发的项目是否能立项，并不是由专家委员会或该部门的管理者来决定，而是由员工组成的审查会来确定的，因为，几乎所有的员工都是专家。也就是说，一个员工是否能升职，不是某个审查员一个人就能说了算的，而是需要员工们共同评价决定。

没错，像这样的制度确实刺激，但同时也会弄得公司每个人都人心惶惶。但是就像前面所说的，性感的公司想要的不是那种善良和无聊的妻子。它会把工作交给能够让家庭和事业同时兼顾的项目以及无微不至的公司。对了，你会发现谷歌、苹果公司以及ZARA的主要人员一般都很少变换。

性感的公司是一个充满激情并且具有紧张感的爱人，和她在一起的时候我们的心会被她夺走。她有时候表现得很温柔，有时候又会做一些恶作剧。

第五节　成为故事的叙述者

热情是由摩擦和空想构成的。

——海伦·辛格·卡普兰[①]

语言是人类所创造出来的最强大的武器。使用这一武器可

① 海伦·辛格·卡普兰(Helen Singer Kaplan)，是知名的性治疗师和心理分析师。——译者注

以把人捧上天,也可以让人坠入地狱,还可以表现出人的精神状态和人的个性。语言可以给人灵感、甜蜜、轻快、尖锐和痛苦,语言还拥有安抚心灵的力量。比起一无所有来说,恐怕没有绝望的言语更让人感到悲伤。

说到文学界著名的诱惑者,那当然非唐璜、贾科莫·卡萨诺瓦[①]和西哈诺·德·贝尔热拉克[②]莫属。他们都通过操作语言来诱惑他人。他们是故事生产机,他们制造出的故事让我们迷醉,制造出的世界让我们向往。

诱惑者们也是故事的叙述者。有人说,产生集体价值观的最强的力量来自于讲给孩子们听的童话故事。事实上,这些童话故事几乎都是几百年前的传说,不断地由父母口述传给孩子,伦理的原则就这样一代传一代,深深地刻在了人们的脑海之中。公司管理人员的职责与故事的叙述者很相似。他们所述说的故事,有助于把公司的文化价值观植入员工的脑海。之前提到的史蒂夫·乔布斯在斯坦福大学的演讲,就向我们展示了应该如

---

① 贾科莫·卡萨诺瓦(Giacomo Casanova,1725—1798),他是极富传奇色彩的意大利冒险家、作家、“追寻女色的风流才子”。他是18世纪享誉欧洲的大情圣,其一生中有很多伴侣,许多人都将其与拜伦的小说中的唐璜相提并论。——译者注

② 西哈诺·德·贝尔热拉克(Cyrano de Bergerac)被中国人称为“大鼻子情圣”,戏剧《西哈诺·德·贝尔热拉克》的主角,在剧中他是一个活跃的近卫队军官,同时还是一位深情的诗人、哲学家和技艺高超的剑客。他因为自己硕大无比、遭人嗤笑的大鼻子而不敢追求一直暗恋的表妹罗克珊,反而帮助他人追求罗克珊。当最后罗克珊意识到西哈诺才是自己多年来爱恋的人时,西哈诺心满意足地死在了罗克珊的怀中。——译者注

何讲述自己的体验。

实际上，公司也在对客户和社会讲述故事。他们最常用的方法就是打广告。公司的沟通策略也有着异曲同工之妙。那些得到最高评价的品牌，通常都有一个故事在背后作支持。

那么，在通过广告来讲述故事的时候，最重要的是必须知道人们喜欢听什么样的故事。在故事中要传递出讲述人的价值观，反映讲述人的本质，最后还需要一个美好的结局。事实上，因为没考虑这些问题，而下场很悲惨的公司也不少。贝纳通[1]在几年前与美国的盖普(GAP)一样，都是世界流行服装界的模范，其色彩斑斓的衣服在全世界获得了成功。其色彩联合王国(United Colors of Benetton)的品牌，设计随意，富于朝气，传递了一种轻快、舒适和休闲的感觉。由于该品牌的顾客都非常年轻，并且对社会问题都非常感兴趣，因此露西阿诺·贝纳通(Luciano Benetton)以“挑衅的市场”为基础展开品牌的宣传。为了作宣传，贝纳通还专门雇佣了摄影师——奥里维埃洛·托斯卡尼[2]为其拍

---

① 贝纳通(Benetton)是发源于意大利的服装品牌，20世纪60年代诞生于意大利北部的一个家庭作坊式公司。——译者注

② 奥里维埃洛·托斯卡尼(Oliviero Toscani)，贝纳通公司的广告总监，1942年出生在意大利的摄影家。托斯卡尼制作的广告打破了企业广告短浅的、就事论事的俗套，而是另辟蹊径，确立了从人们关心的社会问题着手，通过建立鲜明的企业文化形象来促销的战略。在他的精心谋划下，贝纳通通过令人耳目一新的广告，马上与那些在广告中不遗余力地、赤裸裸地鼓吹自己商品的企业划清了界线。由于托斯卡尼的广告战略出奇制胜，因此贝纳通公司的销售成绩表现突出、成绩优异。——译者注

摄照片,用照片来反映社会性的主题,以求提高公司的知名度。

托斯卡尼,这个善于制造话题的意大利知名摄影师,通过照片反映艾滋病人的末期、战争的悲剧、死刑及饥饿。贝纳通在宣传上获得了成功,立刻获得了很高的知名度。人们都在议论他下一次会打出什么样的宣传画面;社会学者们也在电视节目中,对托斯卡尼照片中反映的丑恶画面进行了激烈讨论;而广告公司对于这个极具个性的意大利品牌,带有强烈挑衅意味的宣传表示赞赏。

宣传虽然很好,但是有一个问题。虽然贝纳通这个品牌的广告知名度越来越高,但是零售店的销量却日益下降,甚至关门,加盟店也逐渐与贝纳通公司解约。为什么会发生这样的事情呢?贝纳通只是为了迎合那些担心社会问题的年轻人,建立一个关心社会的形象而已啊,销售额不应该下降,而应该上升的啊!

在我看来,贝纳通公司忘记了两件非常重要的事情。首先,对于企业来说,成为评价对象的不应该是品牌的形象,而应该是这家企业所提供的商品或服务,然后必须强化商品与品牌的相互融合。其次,贝纳通公司通过广告给消费者讲述的故事是令人心酸的、悲惨的,让消费者在下意识中把某种负面的印象与商品结合在了一起。而对于消费者来说,去商店买衣服应该是一个令人愉快的行为。在购物中,消费者可以暂时放松自己,抛下个人的问题、工作中的纠纷与每天的压力。对于他们来说,购物就仿佛是一种治疗压力的良药。而贝纳通的广告却让消费者感到了更多的压力与罪恶感。或许消费者赞同广告中所传递的信息,但是这种信息却使消费者对贝纳通望而却步。贝纳通应该思考一下这种宣传方式是否正确、是否值得,对此,我认为自己没有评价的资格。对于为了达到商业目的,而利用他人不幸的做法,我也无法作出评价。

总之,最后贝纳通放弃了这种引发争议的宣传。由此可见,要使故事促进企业与客户、员工的感情,那就必须遵循以下几点:

• 故事要诉诸感觉和情感,从这层意义上来说浪漫的气氛是最合适的吧。

• 把故事当做自己经历来讲述。

• 不能说谎。一个好的故事必定在中途会遇到危机,但是有一个完美的结局。还要在故事中承认自己的过失,谈谈曾经面对的困难。

• 在故事中要强调一下帮助我们解决问题的团队的努力以及价值观。

• 故事要能刺激听者的想象。

• 故事要让组织内的所有成员都听到,并且还能偶尔让人想起来。故事会在传播的过程中越来越精彩。

• 要让听者听到故事后行动起来,就要让他成为故事的一部分,感受参与其中的荣誉感,以促使其更多地参与进来。

当然，只有华丽的语言，或者只有很好的行动力都是不够的。事实证明，那些故事越多的公司越团结，这是夫妻关系同公司与员工关系的共通点。

第六节 亲密且直接地与人接触

有人说如今的世界不再像过去那样温暖，失去了个性。人与人之间的关系也不再那么长久了，关系的建立都是以对物质的兴趣为基础。以自我为中心的主义在蔓延，向他人打开心扉变得越来越困难。这些话或许都是事实。

但是，我认为人们在任何时代都不会放弃对爱的追求。每个人都希望得到爱情，希望别人温柔地对待自己。如果有人说商界和人的接触是不一样的话，那我认为他的想法是错误的。

我们的榜样就是性感的公司。性感的公司喜欢你、想要得到你，而不是只把你看做收入的来源(如果你是客户的话)或者必要的经费开支(如果你是员工的话)，而是把你当做一个人来对待。这些都表现在公司的思维方式与行动上。因此，性感的公司与客户及员工对话时，是真诚的。性感公司的行为绝不是谁都不相信的伪善行为，不会像政客那样在选举时为了拉选票而亲吻小孩。

性感的公司会直接和你接触，会让你感觉自己是独一无二的。它是怎么做到的呢？如果你是员工或者客户，它就会尊重你的意见，经常和你沟通。在交流的过程中会考虑每个人的做法，在作决定时希望你一起参加，并且在最后对你作出的贡献给予肯定。谷歌内部一直都有一个帮助新产品开发和评价的团体，由他们来保持公司内的沟通与交流。ZARA 则是根据客户对服装的反馈来进行生产，进行店铺陈列，由此与客户进行沟通。星巴克的沟通交流则是让员工去听取客户的意见，然后优先推出客户提议的新咖啡品种。

大部分的企业认为让客户满意就足够了，可是他们只是制定了最低限度的规则，建立起的关系也是一种消极的关系。而性感公司的最终目的是为了获得快乐。在这个冷漠蔓延的世界里，性感的公司提供了一个包含人性温情与个性的世界，它打动我们的心，让我们希望与它发生关系。

大家都知道，企业要制造出那种让人感到亲密的环境，就必须让人可以自由地出入任何地方，自由地接触任何人。这样的话，员工和客户就会感到公司容易亲近，觉得公司里没有的隔阂。

最重要的是，性感的公司会表示出对你的兴趣，即便你已经不是公司的客户，或者你只是刚刚入职的员工。性感的公司都会通过组织中的某个人直接或者间接地表示出对你的兴趣。因此我们应该尽量避免使用那些冷冰冰的电话留言和企业内部网络。因为人们能够区分出哪些是对自己的真正关心，哪些是市场或人事部门管理人员摆的姿态。这些都可以用我们的头脑、心灵和肌肤感受出来。

第七节 独特且真实

人非常宽宏大量，在恋爱关系中也是如此。但是，也有绝对无法容忍的事情，那就是欺骗自己，将自己伪装成另一个人。在这种时候，建立的关系很快就会结束，并不是每个人都善于欺骗自己。

性感的公司之所以独特，是因为它并不想和其他的公司一样，它并不想成为世界一流的企业，它只是简单地想要以人性化为基础，然后到达周围人的内心深处。只要能够与人交心，便可以达到预定的目标。由于它传递的价值观是真实的，因此性感的公司也是真实的。这种价值观由高层牢牢把握并被其他员工信奉和传播，扎根于所有人心中。

并非任何企业都可以成为性感的公司？完全没有这回事。任何一家公司都有可能成为性感的公司。但是需要其高层从一开始就有让公司成为性感公司的决心，以及对性感的公司有深刻的理解，并且能保持公司风格的一贯性和持续性。久而久之公司就可以成为一家性感的公司了。

对此我有一个小小的建议，就是不要去复制其他公司的模式、组织结构和企业文化，而要找到适合自己的道路，并且把这条道路展示给公司内的员工。将恋爱从这条路上开始，我祝大家好运。

第十章　不要让热情冷却

最后我们成功了。我们从相识发展到第一次约会,终于选中了对方。但是故事才刚刚开始,困难在后面。我们必须维持和关系刚开始时同样程度的热情,否则,我们的关系将在这一刻结束。如果我们不能够让热情的火焰持续下去,无论最初我们多么有魅力,客户和员工都会把我们抛弃,然后投奔其他公司。他们要去其他的地方寻找我们无法满足他们的东西。

第一节　贞洁的规则

我的一位女性朋友认为,爱人就如同主人在家中客厅里摆放的、自己很喜欢的装饰品一样。爱人背叛了自己,就如同这件装饰品被摔碎了,即便修复得和过去非常相似,但仍然还是有裂痕,无法完全和过去一样。同样,心中的裂痕是无法修复的。如果员工或客户被公司背叛,其心情也是一样的。虽然一次的背叛不足以使员工或客户完全切断他们与企业的联系,但是我们都明白，一切都不会像从前一样了。这就像弄弯一颗钉子很容易，但是要想把它掰得和过去一样笔直，几乎是不可能的。

如果一家企业改变了自己的信念（比如惠普公司），或者更换公司某个让人留恋的产品（比如为了投放新产品，决定不再采用传统配方的可口可乐），或者违反了合同规则及社会的伦理价值观（比如安达信会计师事务所），背叛了员工与客户的话，我们就可以说这家企业已经不贞洁了。如果企业有了以上那些行为，就需要花大量的时间来挽回过去的感情，甚至有可能面临存亡的危机。

我认为，不贞洁正是许多企业无法与员工及客户建立感情的最根本原因。人们想要与周围的人搞好关系、建立感情是很自然的事情。但是比起我们之前介绍的人性化价值观来说，大多数企业更加注重短期的收益。

你认为这种说法有些夸张？那么，你觉得在银行的时候，自己得到良好的服务了吗？你经常乘坐飞机的航空公司、有线电视公司的服务怎么样？那些电话接线员服务好吗？如今，竟然还有企业认为对待客户和员工不那么有人情味也可以，这可真令人吃惊。他们怎么没有忘记找客户要钱？为什么不学学其他企业的做法？

性感的公司也许并不完美，但必定是专一的。无论是对自身的价值观，还是对员工和客户。一旦作出了承诺，就会将它放在第一位。如果犯错，就负责地进行改正。

守住贞洁的企业能够坚守自己的基本价值观，因此他们在面临存亡的危机时，能够摆脱困境。因为坚守了原则，无论是好是坏都不会让自己迷失，并且能够让自己与人们之间的纽带更加牢固和稳定。因此，人们非常信赖那些能够守住贞洁的企业。

我总结了以下贞洁的规则：

· 虽然我们没有必要把贞洁的规则书面化，但是需要事前明确其内容。这个内容必须让所有人都能理解，并且在任何时候都要求大家履行。

· 对于贞洁，行动比语言更重要。因为我们在催款书中写一些无关的信息，如发誓永远爱客户之类的话，根本一点儿用都没有。

· 不要被迷惑。当我们感到快要被迷的时候，最好把风险降到最低。在商业上最好不要使用网络，因为使用网络会让你失去和顾客的关系（这是2000年ZARA讨论的结果）。如果与其他公司的合作会威胁到本公司的基本行为规范的话，那或许不与对方合作，而去寻找一个其他的解决方案会比较好。

· 不要在床上失败。现在，几乎所有的公司都可以说是优良企业。这些企业的商品与服务的质量不断提高，其价格也在逐渐下降。但就算两个人约定永远相爱，并且忠实地履行约定，对于一些大问题也不能掉以轻心，不能失败。两个人的贞洁只能靠两个人共同努力，用行动来保卫约定。

· 更新约定。当我们感觉到自己公司的价值观有些松懈,或者保持贞洁的约定似乎会被打破的时候,就需要更新约定。这个时候我们需要相互交流,对客户和员工许下新的爱的誓言,换掉那些官僚式的、使体系或流程处于危险境地的人物。

性(这里指的是赚钱)对于你我来说是一件美妙的事情。但是,后面我将要说的是,有爱的性(约定、稳定的关系和贞洁)是更加妙不可言的。

第二节 性感的公司虽然保持贞洁,但也有选择离婚的勇气

在继续往下说之前,我想先说明一下,性感的公司会诱惑自己行动范围之内的人。与他们坠入爱河,发生关系,然后对他们许下诺言,为他们保持贞洁。但这并不是一生的合约。当然,如果双方都有实现约定的想法的话,那么毫无疑问这个约定一定会实现。

这也是想要保证雇佣的"尽善尽美的公司"与性感公司的另一个区别。我在这里所说的"保证雇佣"就仿佛夫妇二人之间即使没有了爱,也毫不介意地生活一辈子的情况。我在西班牙的惠普工作的七年当中,只解雇过一次员工。我决定要解雇员工的时候,心情很不好,我花了好长时间才作出这个决定。被我解

雇的这个员工,虽然被公司警告过很多次,但是他的态度丝毫没有改善。最后,在给出解雇通知的六个月后,我解雇了他。在这次事件中,我学到了两件事。第一件事是,我们没法强求别人喜欢自己,无论我们多么希望和所有人成为朋友,但总会有人因为某些理由而拒绝我们。第二件事是,如果两个人不能在适合的时机离婚,会给组织内部的其他人造成很强烈的负面影响。

在考虑了适当的保障条件的前提下,如果两人已经没有爱的话,就应该离婚。但是这时我们需要怀着体贴、冷静、公正的心情,因为这样才能重新拾回周围的人们对自己的信赖。这就像在尊重所有人的情况下离婚的话,孩子们也能给予理解一样。

而另一方面,无论事情的进展是否顺利,员工们一直都在监督公司的行为是否正当。这就如同在一艘船即将沉没的时候,考虑如何能够救更多的人,应该采取何种有效的措施一样。

公司中所谓的"离婚",不单会在公司与员工之间发生,也会在客户与公司之间发生。虽然离婚是一件令人感到悲伤的事,但有时确实是必需的。如果坚持不离婚的话,恐怕会发生更辛苦、更加有害的事情。这就像家庭中的分居,公司内部陷入了解雇的状态。虽然这种状态并非切断了法定的关系,但是员工与公司已经没有什么感情可言了,并且这种状态不光会影响当事人,还会把周围所有的人都卷进来。

虽然我对以上的意见表示赞同,但是员工只有在看到经营得好的一面时才会产生干劲,而不会因为抱有可能会被解雇的恐惧而努力工作。但是,我们在优良的企业中也能看到员工如同夫妇一样，因为害怕失去喜欢的东西而努力工作。性感的公司就是那种让员工怀有害怕失去的紧张感的公司。但这种紧张感并不是因为害怕失去收入或地位，而是害怕失去爱。

因此，性感的公司会经常给爱增添新的含义，但是，性感的公司对爱非常敏感。如果感受不到爱的话，它会毫不犹豫地与你说再见。因为在这个世界上，有很多人都能够接受这份爱，并且作出回应。

第三节 打破常规

让热情冷却的东西称为常规。工作就如同结婚一样，那些单调的日常生活通常都会让结婚前的所有梦想都破灭。一旦你习惯了那种缺乏惊奇、缺乏刺激、平淡如水的日子，再牢固的关系也会终结。在企业中也是这样。那么如何才能打破常规呢？

- 要有野心。只有新的挑战和新项目才能不断地更新我们的目标和约定。
- 利用危机和问题。有时候问题是唤醒热情的契机。但是，我希望大家记住，由问题点燃的火焰，只能在新播种的时候，用于把过去的草木烧成灰做成肥料。
- 要产生新的常规，就要利用组织上的变化。如果现在组织停滞不前是因为恶习、官僚主义以及失去希望的人们的话，那现在就是改革的时候。

· 如果感觉常规就要来到，那就往前跨一步。让团队活跃起来的工作，无论是在公司内部还是外部，都不能让其他人来做。这种工作只有亲自参与，才能真正让团队活跃起来。

· 要懂得倾听。人们有时会忘记最重要的事情，造成无法挽回的损失。因此，我们要像往常一样提问，用耳朵去倾听问题。

如果我们已经厌倦打破常规，觉得这是很大的压力的话，那就停下来歇息一下，看看按照常规继续会发生什么。

第四节　无性的爱与无爱的性

如果爱，那就要学会珍惜、相互尊重，并且甘愿为对方奉献一切。这样员工和客户都会感谢我们吧？是的，爱非常伟大。但是我希望大家不要忘记，性(这里指的是赚钱)也是件非常有意思的事情。无性的爱与无爱的性都不会有什么好结果。

就如同与异性的关系一样，当场就确定下来的契约，让人在很短的时间内就能体会到成功的喜悦。但这其实只是两人关系的开始，却总让人误以为已经达成了目标。很多企业与他人的关系其实就是一夜情。她遇见你时就开始诱惑你，然后把你带上床，但是，第二天就把你忘得一干二净。因此最后的结局就是，你也完全失去了对她的兴趣。

我作为顾客，就有好几次感觉自己被利用了。虽然对方的报价非常有魅力，并且很有说服力，让我坠入爱河，可是当我递上自己的信用卡时，对方就立刻改变了态度，仿佛我是个陌生人一般。我想这种事情肯定不只我一个人经历过，比如售后服务不好、合约的内容有伪造的成分、操作手册很难理解等。

作为员工，肯定也有人曾经有这样的经历。进入公司后，发现自己的待遇与招聘广告上说的相去甚远；或者公司给出的奖励计划，无论如何努力都无法达成；或者为了快速地提高动力，自欺欺人地忘记某些重要的事情。只要有一次失去了信任，要挽回就非常困难了。

大家最好记住，无论是客户还是员工，只要让他们感觉自己被欺骗或者被背叛，那么他们可不会轻易地原谅你。的确，公司成功地从客户那收到了钱，而且说服了员工在雇佣合同上签字。但是，他们一旦离开就再也不会回来。像这样的公司，人们会逐渐地离开，最后只剩下它一个人。为什么呢？因为当它把所有的人都欺骗了以后，就再也找不到牺牲品了。

性感的公司非常喜欢性(这里指的是赚钱)，但是我们知道，那种有爱的性是最美妙的。因为它能够让双方建立起一种更加亲密、牢固的关系。因此，性感的公司通常都会设立两个目标。第一个目标是绝对不欺骗任何人。做到这一点就可以建立一种信赖的、长久的关系。第二个目标是要维持在做完商品买卖或者签订完合同以后，公司与客户、员工的关系。对于性感的公司来说，这一切只是关系的开始，也是让客户及股东怀着更大的活力及希望回到公司的最佳方法。

事实上，即便你不是客户，性感的公司也非常希望与你认识。大家相互观察一下吧。性感的公司充满神秘感，并且看起来风情万种吧？虽然有很多人都对她大加赞赏，但或许你还没有拜倒在她的石榴裙下（或许是因为你在为某个其他的企业守节，或者认为没有必要）。但是，你一定会发现你们对彼此的兴趣正在增加，并且你发现虽然时机未到，但总有一天你们会在一起。

性感的公司与员工的关系也是通过爱和热情来获得平衡的，它不断地给员工新的挑战，不停地刺激他们，甚至让他们相互吃醋（内部竞争）。

性与爱，这是多么美妙的组合啊！

后记

我觉得自己是一个幸运儿，因为我曾经在西班牙最好的三家企业工作过，并且还有在跨国企业工作的经历。我有幸获得了把自己所相信的思想写书发表的机会，这曾经是我年轻时候的一个梦想，如今这个梦想实现了。而您购买了这本书，并且正在读这篇后记，那想必您已经把这本书通读了一遍吧？如果我书中的想法没有达到您的期望，那请您原谅。如果您觉得这本书的内容太过于简单，或者太过于复杂，或者没有使用非常郑重的语言，不能讨您喜欢，那也希望您能谅解。但是，如果书中的内容，哪怕只有一小部分想法或经验能够引起您的思考，那我会觉得我是一个幸运的人。如果在这本书中提到的一部分反面的例子与您的亲身经历相似，或者某个正面的例子给了您新的启示，那我也会认为自己是一个幸运的人。

我和从事同样行业的大多数人一样，一直在思考一个问题。那就是规则正在改变，而且改变的速度非常快。有一部分企业已经注意到，性感可以使公司能够更加频繁、更加顺畅地与周围的人打成一片。因此，我们对这样的公司非常赞赏。

变迁的步骤

有专家说人类不会发生真正的变化。但是企业可以，因为企业最终只是人类创造出来的东西。它是由率领这个企业前进的人的智慧、思想、一贯的伦理以及感性组成的。因此，如果您希望自己的公司成为一家性感的公司的话，您就必须根据书中提到的要素进行转变。但是，有一件事我们不能忘记，那就是，如果要使公司完全改变，关键是要让性感渗透到企业的内部。要变得性感，就必须知道什么是性感，感受性感，然后表现出性感。

最后，我还想讲一个小故事，一个爱的故事。

在很久很久以前，海水并不是咸的。在中国有一位年长的贤人，他非常聪明。他的脑子里装满了各种知识，所以他被皇帝派到全国各地去解决饥荒、疾病以及武力争端等各种问题。因此，这位老人非常受人尊敬和爱戴，皇帝为了表扬他作出的贡献，赏赐给他许多的财富。

尽管这位贤人拥有了知识、财富和人们的尊敬，但他仍然感觉不幸福，因为他没有爱人。他把自己的大部分时间都集中在了解决他人的问题上，因此到了晚年，他还是孤单一人。虽然他没有放弃，但是由于自己年纪太大，所以他决定不在外面的世界寻找陪伴自己度过一生的人，而把目光转向了自家书架上的那些古书。贤人不停地找，终于在一本古代的魔法书里找到了让盐像拥有生命的方法。于是，这位贤人请来全国最优秀的雕刻家，用盐雕刻了一尊真人大小的美丽的女孩塑像。老贤人决定让她成为自己的女儿。在一个下着暴风雨的夜晚，贤人独自在城里最高的塔上面对这尊雕像唱起了魔法咒语。在一次大爆炸后，这尊人像拥有了生命。

这个女孩生来就有着卓越的智慧与丰富的情感。看着这个女孩儿，年老的贤人终于感到了幸福，他终于有了自己的女儿。于是，不久他又开始四处奔走，去帮助他人解决各种问题。在旅途中，贤人教给女儿很多问题的解决方法，教她医治各种疾病。很快女孩儿的知识和才能赶上了贤人。这一切都让贤人感到非常欣慰。

有一天，垂死的贤人躺在床上，看着身边流泪的女儿问道："女儿，你现在还有什么想知道的事情，或者还有什么不明白的事情要问我吗？"

女孩想了想，然后说："父亲，您还没有告诉我什么是爱呢！"贤人听了这话，回答道："女儿，你不要担心，该来的时候，你自然会知道什么是爱。"贤人在交代完女儿应该要做什么事之后，闭上了双眼。

虽然女孩非常悲痛，但是为了继续父亲的工作，她第二天就踏上了旅程。经过几年的努力，她和父亲一样成为了全国非常有名的贤人。数年以后，女孩和父亲一样拥有了知识、名誉和财富，但她也与父亲感受到了同样的孤独与悲伤。一次，她为了挽救某个国家继承人的性命去了那个国家。当她在海边散步时，突然听到一个声音在问她："你想知道什么是爱吗？"

女孩很惊奇地四处张望，但是海边除了她一个人也没有。她想，是不是自己听错了，于是继续往前走。但是不一会儿，那个声音又在耳边响起。

"你想知道什么是爱吗？"

女孩儿正感到奇怪的时候，这个声音又再次响起。

"你真的想知道什么是爱吗？"

终于，女孩发现是大海在和她说话。于是她回答道："我当然想知道什么是爱。"

大海说："那么，你到我这里来吧。"听了它的话，女孩大吃一惊，并且非常疑惑。"就算我再怎么想知道答案，也不能去你那儿呀。因为我是盐做的，如果我去你那儿的话，我会溶化的。"

大海回答说："可你只有到我这里来才能知道什么是爱。"

"你没听见我说的话吗？我是盐做的，并且……"

"我听见了。但是，你想要知道什么是爱，只有我能告诉你。"

虽然女孩对大海的话表示怀疑，但是她感觉自己非常不幸，无论如何都想知道到底什么是爱，最后她还是投入了大海的怀抱。毫无疑问,她的身体开始溶化,但是在那一瞬间,这个用盐雕成的女孩终于明白了什么是爱。也正是在那一刻,海水变成了咸的。

在这里我想说的是,如果您希望自己的企业成为一家性感的公司,那么您需要像这个故事中的女孩一样勇敢、宽容,并且下定决心后就要付诸行动。想象一下,当您和您的组织抱有同一个希望,朝着同一个目标努力的话,这种力量是没有界限的,并且是非常强大的。

性感的领导

或许这个问题正在你的脑子里徘徊。既然公司都能变得性感的话,那领导这个公司的人是否也能变得性感呢? 我自己是否也能变得性感呢? 性感到底要具备什么特征? 我能否学会那些伟大的领导者的诱惑技巧? 什么样的人能够诱惑我们,让我们坠入爱河呢?

所有这些问题我都能够给你一个答案,但是让我们下次找一个机会再谈吧。

图书在版编目(CIP)数据

性感的公司：如何吸引并赢得客户、员工及股东的芳心/(西)维加著；陈吟译. —杭州：浙江大学出版社，2012.2

书名原文：The Sensual Company

ISBN 978-7-308-09589-1

Ⅰ.①性… Ⅱ.①维… ②陈… Ⅲ.①企业管理—案例—世界 Ⅳ.①F279.1

中国版本图书馆 CIP 数据核字（2012）第 011596 号

浙江省版权局著作权合同登记图字：11－2011－264

性感的公司：如何吸引并赢得客户、员工及股东的芳心

〔西班牙〕赫苏斯·维加 著 陈 吟 译

策 划 者 蓝狮子财经出版中心
责任编辑 王长刚
出版发行 浙江大学出版社
（杭州市天目山路 148 号 邮政编码 310007）
（网址：http://www.zjupress.com）
排 版 杭州大漠照排印刷有限公司
印 刷 杭州杭新印务有限公司
开 本 880mm×1230mm 1/32
印 张 6
字 数 115 千
版 印 次 2012 年 2 月第 1 版 2012 年 2 月第 1 次印刷
书 号 ISBN 978-7-308-09589-1
定 价 27.00 元

浙江大学出版社发行部邮购电话（0571）88925591